KB080387

동화로 키우는
문해력 어휘력 발달 프로젝트

음원 재생

초등문해력교사연구회는 현직 초등학교 교사로 구성된 연구 단체입니다.
초등생들의 지적 발달을 이끌고, 학습 능력을 키우는 데 바탕이 되는 문해력을 연구합니다.

문해력 어휘력 발달 프로젝트
문어 4 끈기 편
초등문해력교사연구회 **지음** | 박영 **그림**

펴낸날 2024년 5월 10일
펴낸이 김주한 | **책임편집** 한소영 | **책임마케팅** 김민석 | **책임홍보** 옥정연
디자인 아빠해마 김승우 | **인쇄** 이룸프레스
펴낸곳 픽 | **출판등록** 제406-251002015000039호
제조국 대한민국 | **사용연령** 8세 이상
주소 (10881) 경기도 파주시 회동길 471(문발동) 몽스패밀리Bd. 301호·302호

© 초등문해력교사연구회, 아빠해마, 2024

ISBN 979-11-92182-95-7 64710
ISBN 979-11-92182-72-8 64710(세트)

이 책을 무단 복사, 복제, 전재하는 것은 저작권법에 저촉됩니다.
※ 잘못된 책은 서점에서 바꾸어 드립니다.

Peak을 향한 **Pick_픽**은 <잇츠북>의 학습·교양서 브랜드입니다.

동화로 키우는
문해력 어휘력 발달 프로젝트

끈기 편

초등문해력교사연구회 지음 | 박영 그림

픽

문해력을 키우기 위한 선택

요즘 초등학생 자녀를 둔 부모님이라면 문해력에 대해 고민해 본 적이 있을 것입니다. 또한 시중에 나와 있는 도서 중 어떤 것이 자녀의 문해력을 기르는 데 도움이 될지 살펴보기도 했을 것입니다. 원하는 책을 쉽게 찾을 수 있었나요? 그리고 실제로 도움이 되었나요?

문해력에 관련된 수많은 책이 쏟아져 나왔고, 이 순간에도 출판되고 있습니다. 어떤 책을 선택하든 학생이 성실하게 꾸준히 활용한다면 효과는 있을 것입니다.

하지만 여기서 한번쯤 고민하고 점검해 볼 사항이 있습니다. 아이들이 즐겁게 활동하는지, 효율성은 높은지, 자기 주도적으로 학습할 수 있게 설계되었는지, 책 읽기에 흥미가 높아지는지 등을 말이에요.

배움의 기본이 되는 문해력

문해력에 관련된 책들이 쏟아져 나오는 이유는 무엇일까요? 그만큼 문해력이 아이들의 배움과 직결되기 때문이 아닐까 합니다.

사람의 두뇌는 몰입해서 학습할 때, 깊이 있고 지속적인 배움이 일어납니다. 문해력은 그러한 배움의 기본이 되는 힘이라는 점에서 매우 중요합니다. 기초가 튼튼하지 않으면 작은 균열에도 무너질 수 있기 때문이지요. 『아기 돼지 삼 형제』 이야기를 떠올려 보세요. 기초 재료부터 튼튼해야 어떤 상황에서도 흔들리지 않는 힘이 생깁니다.

유창하게 읽고 쓰는 능력이 다소 부족한 학생들에게는 딱딱하게 지식을 전달하기보다는 흥미 있고 수준에 알맞은 내용의 읽기와 쓰기로 즐거움을 느끼게 해 주는 것이 중요합니다. 부담 없는 분량으로 하루하루 꾸준히 활동하다 보면 문해력은 선물처럼 따라오게 되는 것이지요. 여기서 한 발 나아가 아이가 책 읽기를 즐기게 된다면 지식의 습득 차원을 넘어 마음이 건강한 아이로 성장하게 될 것입니다.

『문어』 특장점

혼자서 책 읽기를 시작하는 학생들이 재미있게 몰입하며 문해력을 기르게 하는 것이 『문어』의 기본 목표입니다. 교재의 학습량이 많거나 본문 내용이 딱딱하면 학생들은 부담감을 느낍니다. 이러한 부담감은 몰입의 힘과 학습 동기를 떨어뜨리게 되지요. 『문어』는 이 지점에 큰 강점을 지니고 있습니다.

● 공신력 있는 여러 기관, 도서관 등의 추천을 받아 이미 검증된 동화책의 내용을 교재 본문에 활용하여 수준 높은 문학성과 읽기의 재미를 느끼게 합니다.

● 현직 교사들로 구성된 전문 집필진이 학생 수준에 딱 맞는, 부담되지 않는 양의 활동으로 교재를 구성해 학습 몰입도를 최대한 높입니다.

● 교과 성취 기준 제시를 통해 학교 공부에 직접적인 도움을 주므로 아이의 학교 생활에 즐거움을 선물하고 자신감을 쑥쑥 올려 줍니다.

● 동화 본문에 나오는 단어를 그림과 함께 익히고, 따라 쓰고, 간단한 문장으로 만드는 활동을 통해 낱말의 의미를 입체적으로 이해하도록 구성하였습니다. 낱말의 뜻을 상황 속에서 이해하고 문장 만들기 활동으로 발전시키다 보면 보다 높은 학습 효과를 얻을 수 있습니다.

● 일주일마다 한 주간 익힌 낱말들을 즐겁게 복습할 수 있도록 재미있는 놀이 활동을 준비했습니다. 반복 학습을 통한 복습은 학생들이 습득한 문해력을 더욱 발전시켜 줄 것입니다.

응원의 한마디 ·····················

행복한 배움은 행복한 세상을 만드는 좋은 거름입니다.
재미있게 익힌 문해력이 여러분의 미래를 즐겁고 행복하게 만드는 데 도움이 되기를 바라고 힘껏 응원합니다.

똑똑한 『문어』 활용법

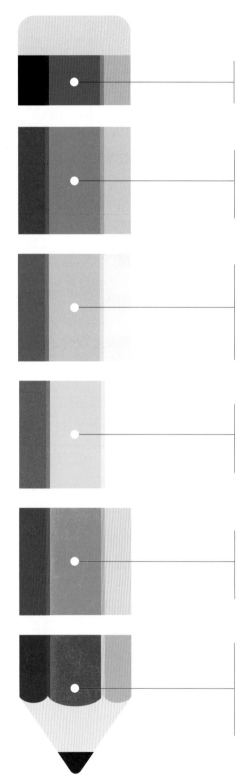

월, 화, 수, 목, 금 5일 동안 부담되지 않을 분량의 학습을 하며 문해력을 키웁니다.

QR코드를 통해 음성 파일을 제공합니다. 성우가 정확한 발음으로 읽어 주는 <오늘의 이야기>를 잘 듣고 따라 읽으면 읽고 쓰기뿐만 아니라 말하기에 도움이 됩니다.

눈으로 읽고, 따라 읽고, 혼자서 읽는 과정을 <읽기 쏙쏙>에서 스스로 체크하며 학습 성취도를 높입니다. <오늘의 이야기>를 제대로 이해했는지 <내용 쏙쏙>에서 문제를 해결하며 확인합니다.

친근한 문어 캐릭터가 낱말의 정확한 뜻을 전달하여 이해력을 확장시킵니다. <낱말 쏙쏙>에서 낱말을 따라 쓰고 또박또박 읽으며 학습 낱말을 집중적으로 연습합니다.

<생활 쏙쏙>에서는 앞에서 읽고 쓰며 배운 낱말과 연관성이 높은 생활 속 낱말을 만화, 미로찾기, 속담 등과 같이 흥미로운 활동으로 익혀 학습 몰입도를 높입니다.

주말에 <복습 마당>의 놀이 활동을 통해 일주일간 배운 내용을 확인합니다. 복습 활동으로 QR코드를 통해 성우가 말하는 낱말을 잘 듣고 혼자 써 보는 <오늘의 받아쓰기>가 있지만, 한글 해득이 충분히 되지 않은 경우라면 활동을 생략하거나 책 한 권이 끝날 때까지 늦춰도 괜찮습니다.

QR 코드 실행

<오늘의 이야기> 음성 파일을 제공하여
올바른 읽기 능력과 집중력을 향상시킵니다.

<눈으로 읽기→따라 읽기→혼자 읽기>
과정을 통해 읽기 연습 과정을 체크하며
자기 주도 학습 능력을 기릅니다.

내용 쏙쏙 문제를 풀며 읽기 내용을 제대로
이해했는지 확인합니다.

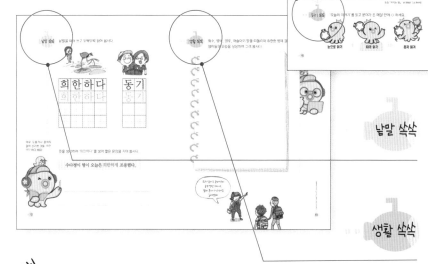

낱말을 또박또박 읽고 따라 쓰면서
맞춤법을 익히고, 학습한 낱말을 넣어
짧은 문장 짓기를 하며 문장 감각과
창의력을 키웁니다.

미로찾기, 만화, 반대말, 유사어, 속담,
헷갈리는 맞춤법 등의 다양한 활동을
통해 생활 속에서 유용하게 쓰일 언어
감각과 사고력을 키웁니다.

QR 코드 실행

<오늘의 받아쓰기> 음성 파일을 제공하여
쓰기 능력을 확인합니다.

끝말잇기, 다섯고개, 같은 말로 이어 말하기,
첫말 잇기 등의 다양한 활동으로
낱말을 유추하고 활용하는 능력을 기릅니다.

5일 동안 열심히 배운 낱말들을 잘 듣고
받아쓰며 복습해 확실히 기억합니다.

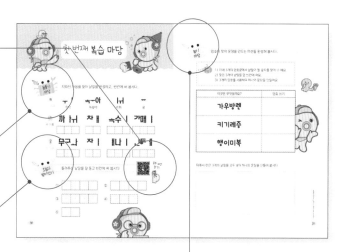

낱말 퍼즐, 땅따먹기, 십자말풀이 등의
놀이 활동으로 흥미와 학습 자신감을 키웁니다.

학습 진도표

일 차	학습 낱말	오늘의 이야기	교과 성취 기준	학습 체크
1	희한하다 동기	우리 엄마도 그래	2학년 │ 읽기에 흥미를 갖고 즐겨 읽는 태도를 지닌다. 2학년 │ 쓰기에 흥미를 가지며 자신의 생각이나 느낌을 문장으로 표현한다.	☐
2	휘둥그레 나서다	레오가 만든 상장	2학년 │ 읽기에 흥미를 갖고 즐겨 읽는 태도를 지닌다. 3학년 │ 대상에 대한 자신의 의견과 그렇게 생각한 이유가 드러나게 글을 쓴다.	☐
3	기증 헤실헤실	기부의 기쁨	2학년 │ 글자와 단어를 바르게 쓴다. 2학년 │ 의미가 잘 드러나도록 문장과 짧은 글을 알맞게 띄어 읽는다.	☐
4	자존심 헛소문	헛소문이 퍼지다	1학년 │ 작품을 듣거나 읽으면서 느끼거나 생각한 점을 말한다. 2학년 │ 읽기에 흥미를 갖고 즐겨 읽는 태도를 지닌다.	☐
5	한 수 위 체질	대망의 오디션	2학년 │ 의미가 잘 드러나도록 문장과 짧은 글을 알맞게 띄어 읽는다. 2학년 │ 주변 소재에 대해 소개하는 글을 쓴다.	☐
복습 마당 1	희한하다, 휘둥그레, 헤실헤실, 헛소문, 체질		2학년 │ 글자와 단어를 바르게 쓴다. 2학년 │ 한글 자모의 이름과 소릿값을 알고 정확하게 발음하고 쓴다.	☐

일 차	학습 낱말	오늘의 이야기	교과 성취 기준	학습 체크
6	우물쭈물 마음먹다	이다음에 커서	2학년 │ 글자와 단어를 바르게 쓴다. 2학년 │ 쓰기에 흥미를 갖고 자기의 생각이나 느낌을 문장으로 표현한다.	☐
7	아수라장 헤매다	쥐가 나타났다!	2학년 │ 소리와 표기가 다를 수 있음을 알고 단어를 바르게 읽고 쓴다. 2학년 │ 글을 읽고 중심 내용을 확인한다.	☐
8	소박하다 어이없다	호동이의 꿈	2학년 │ 의미가 잘 드러나도록 문장과 짧은 글을 알맞게 띄어 읽는다. 3학년 │ 인물과 이야기의 흐름을 중심으로 작품을 감상한다.	☐
9	식은땀 홀가분하다	돌아오는 문제집	2학년 │ 글을 읽고 중심 내용을 확인한다. 3학년 │ 인물과 이야기의 흐름을 중심으로 작품을 감상한다.	☐
10	부리나케 밝히다	내 몸 내놔!	3학년 │ 인물과 이야기의 흐름을 중심으로 작품을 감상한다. 3학년 │ 바람직한 읽기 습관을 형성하고 읽기에 대한 자신감을 기른다.	☐
복습 마당 2	우물쭈물, 아수라 장, 소박하다, 식은땀, 밝히다		2학년 │ 글자와 단어를 바르게 쓴다. 2학년 │ 한글 자모의 이름과 소릿값을 알고 정확하게 발음하고 쓴다.	☐

일 차	학습 낱말	오늘의 이야기	교과 성취 기준	학습 체크
11	솟아나다 썩다	동생 꼬시기	2학년 | 문장과 문장 부호를 알맞게 쓰고 국어와 한글에 호기심을 가진다. 3학년 | 글의 의미를 파악하며 유창하게 글을 읽는다.	☐
12	뚱딴지 전수	최고의 숙제 선생님	3학년 | 인물과 이야기의 흐름을 중심으로 작품을 감상한다. 3학년 | 단어와 단어 간의 의미 관계를 파악한다.	☐
13	저리다 굳다	나와라, 똥!	2학년 | 인물의 마음이나 생각을 짐작하고 이를 자신과 비교하며 글을 읽는다. 2학년 | 글을 읽고 중심 내용을 확인한다.	☐
14	명심 기분 좋다	롱브릿지 숲에서 명심할 것	2학년 | 읽기에 흥미를 갖고 즐겨 읽는 태도를 지닌다. 3학년 | 바람직한 읽기 습관을 형성하고 읽기에 대한 자신감을 기른다.	☐
15	대략 움츠러들다	엄마 목소리를 담은 액	2학년 | 작품 속 인물의 모습, 행동, 마음을 상상하여 시, 노래, 이야기, 그림 등으로 표현한다. 3학년 | 글의 의미를 파악하며 유창하게 글을 읽는다.	☐
복습 마당 3	썩다, 전수, 굳다, 명심, 움츠러들다		2학년 | 글자와 단어를 바르게 쓴다. 2학년 | 한글 자모의 이름과 소릿값을 알고 정확하게 발음하고 쓴다.	☐
16	고수 재능	무협 가족	2학년 | 소리와 표기가 다를 수 있음을 알고 단어를 바르게 읽고 쓴다. 4학년 | 글의 의미를 파악하며 유창하게 글을 읽는다.	☐
17	고작 귀퉁이	책 사용법을 찾아라!	2학년 | 글자와 단어를 바르게 쓴다. 4학년 | 인물과 이야기의 흐름을 중심으로 작품을 감상한다.	☐
18	세차다 갸웃거리다	정말 억울해	2학년 | 쓰기에 흥미를 가지며 자신의 생각이나 느낌을 문장으로 표현한다. 3학년 | 글의 의미를 파악하며 유창하게 글을 읽는다.	☐
19	돌변하다 움트다	거꾸로 말의 탄생	2학년 | 인물의 마음이나 생각을 짐작하고 이를 자신과 비교하며 글을 읽는다. 2학년 | 글자, 단어, 문장, 짧은 글을 정확하게 소리 내어 읽는다.	☐
20	고래고래 억울하다	'일' 해 본 경험 있나요?	2학년 | 소리와 표기가 다를 수 있음을 알고 단어를 바르게 읽고 쓴다. 4학년 | 글의 의미를 파악하며 유창하게 글을 읽는다.	☐
복습 마당 4	고수, 귀퉁이, 갸웃거리다, 돌변 하다, 억울하다		2학년 | 글자와 단어를 바르게 쓴다. 2학년 | 한글 자모의 이름과 소릿값을 알고 정확하게 발음하고 쓴다.	☐

음원 재생
찰칵!

오늘의 이야기
우리 엄마도 그래

#자기 주도성 #가족 사랑 #자존감

희한한 병에 걸린 것은 우리 엄마뿐이 아니었어요. 희수 엄마도, 병태 엄마도, 영우 엄마도 똑같은 병에 걸린 거예요.

사실 희수와 병태, 영우는 나와 유치원 동기예요. 게다가 같은 학교 같은 반이기도 하지요. 그래서 우리 엄마는 희수 엄마, 병태 엄마, 영우 엄마와도 아주 친했어요. 그러다 보니 우리 엄마가 걸린 '커지는 병'이 즉각 옮아간 거예요.

"해솔아, 큰일 났어. 우리 엄마가 희한한 병에 걸렸어."

희수가 걱정스러운 얼굴로 말했어요. 그러자 병태와 영우도 얼굴을 찌푸리며 말했어요.

"우리 엄마도 손바닥이 솥뚜껑만 해지고, 팔이 문어 다리처럼 길어졌어."

"알아. 우리 엄마도 그래."

힘없이 내가 말했어요.

"엄마가 그런 병에 걸리니까 숨이 막혀 죽겠어."

병태가 슬픈 얼굴로 말했어요.

동화 『커지는 병』 | 글 원유순 그림 유수정

읽기 쏙쏙   '오늘의 이야기'를 읽고 문어가 든 메달 안에 ○ 하세요.

눈으로 읽기

따라 읽기

혼자 읽기

1 일 차   월   일

내용 쏙쏙 읽은 내용을 떠올리며 문제를 해결해 봅시다.

1 엄마들이 걸린 병은 어떤 병인가요? (   )

    ① 잠을 못 자는 병
    ② 숨이 막히는 병
    ③ 몸이 커지는 병

'동기'는 같은 시기에 같은 곳에서 무언가를 함께 배운 사람을 뜻해요!

2 다음 중 인물들의 관계가 '동기'인 것을 골라 ○하세요.

 희수 엄마, 병태 엄마,
영우 엄마, 우리 엄마

 희수, 병태, 영우, 나

3 다음 대사에 어울리는 희수의 표정을 그려 보세요.

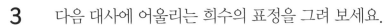

해솔아, 큰일 났어.
우리 엄마가
희한한 병에 걸렸어.

11

동화로 키우는 문해력·어휘력 발달 프로젝트

낱말을 따라 쓰고 또박또박 읽어 봅시다.

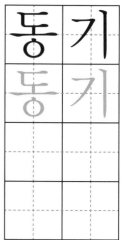

매우 드물거나 흔하지 않아 신기한 것을 '희한하다'라고 해요!

뜻을 생각하며 '희한하다'를 넣어 짧은 문장을 지어 봅시다.

수다쟁이 형이 오늘은 희한하게 조용했다.

희수, 병태, 영우, 해솔이의 말을 떠올리며 희한한 병에 걸린
엄마들의 모습을 상상하여 그려 봅시다.

우리 엄마도 손바닥이
솥뚜껑만 해지고,
팔이 문어 다리처럼
길어졌어.

오늘의 이야기

레오가 만든 상장

#재치 #즐거움 #학교생활

레오가 만든 상장을 받은 아이들은 눈이 휘둥그레졌다.

"이걸 네가 만들었단 말이야?"

"진짜 상장인 줄 알았잖아. 근데 내용이 이게 뭐야. 킥킥."

"야, 멋있는 상으로 좀 해 주지."

아이들이 좋아하니 레오도 기분이 좋았다. '잘 나서는 아이 상'을 받은 도현이가 물었다.

"있잖아, 내가 받고 싶은 상장으로 하나 더 만들어 줄 수 있어?"

"받고 싶은 상장이 어떤 건데?"

"음, 그건 생각해 보고 말해 줄게."

"나도 하나 더 만들어 주라."

"나도 나도!"

이민준: 묵묵히 열심히 하는 어린이 상

최도현: 밝고 씩씩한 어린이 상

박재후: 노력하는 어린이 상

조금 뒤 아이들이 자기가 받고 싶은 상장 내용을 쪽지에 적어서 주었다.

그걸 보고 있으니 레오는 기분이 묘했다.

'녀석들, 상장이 꼭 받고 싶었구나.'

동화 『레오의 폼 나는 초등 생활』 | 글 이수용 그림 정경아

읽기 쏙쏙 '오늘의 이야기'를 읽고 문어가 든 메달 안에 ○ 하세요.

눈으로 읽기

따라 읽기

혼자 읽기

내용 쏙쏙   읽은 내용을 떠올리며 문제를 해결해 봅시다.

1   레오가 친구들에게 준 것은 무엇인가요? (   )

① 메달   ② 상장   ③ 트로피

2   도현이가 받은 상 이름은 무엇인가요? (   )

① 잘 기다리는 아이 상

② 잘 나서는 아이 상

③ 노력하는 아이 상

'나서다'는 어떤 일을 적극적으로 하는 것을 의미해요!

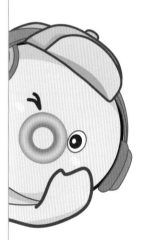

3   레오가 만든 상장을 받은 친구들의 표정을 상상하여 그려 보세요.

안 웃김 상
박재후
위 사람은 자꾸 웃기려
하지만 하나도
안 웃기는 재능이 있어
앞으로는
웃기길 바라며
이 상을 줍니다
전국어린이

잘 나서는 아이 상
최도현
위 사람은 잘 나서는 모습이 웃음을
주지만 앞으로는 적당히 나서라는
뜻에서 이 상을 줍니다.
전국어린이협회 회장

낱말을 따라 쓰고 또박또박 읽어 봅시다.

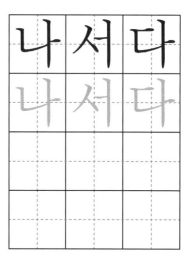

놀라거나 두려워서 눈이 크고 동그랗게 되는 모양을 '휘둥그레'라고 표현해요!

뜻을 생각하며 '휘둥그레'를 넣어 짧은 문장을 지어 봅시다.

천둥소리를 듣고 레오의 눈이 휘둥그레졌다.

생활 쏙쏙　나는 어떤 상장을 받고 싶나요? 레오처럼 특별한 상장 이름과
내용을 써 봅시다.

제　　호

＿＿＿＿＿＿＿ 상

학 년　　반

이름 ＿＿＿＿＿＿

위 어린이는 ＿＿＿＿＿＿＿＿

＿＿＿＿＿＿＿＿＿＿＿＿＿＿

＿＿＿＿＿＿＿＿＿＿＿＿＿＿

이 상장을 드립니다.

년　　월　　일

문해력 어휘력 박사 문어

오늘의 이야기

기부의 기쁨

#재치 #즐거움 #학교생활

레오는 지난 학기 문제집은 물론이고 안 쓰는 가방과 구두, 장화, 모자까지 가져와서 선반 위에 진열해 두었다. 하루가 지난 뒤 도서관에 가 보니 물건들은 모두 사라지고 없었다.

"어? 제 물건 사람들이 다 가져갔어요?"

레오가 눈을 동그랗게 뜨고 물었다. 사서 선생님이 빙긋 웃으며 대답했다.

"그래. 네 물건 인기가 좋던데? 다들 좋아하면서 가져갔어."

레오는 하늘을 나는 것 같은 기분이었다.

이렇게 계속 기증하다가 자신이 한 일이 널리 알려져서 '어린이 기증왕'으로 뽑히는 건 아닌가 싶기도 했다. 그러면 아이들 앞에서 기증이 얼마나 좋은 것인지 발표하게 될지도 모른다. 아이들은 발표를 듣고 감동해서 저마다 안 쓰는 물건을 가져와 사람들과 나누려 할 것이다. 그런 생각을 하니 자꾸만 헤실헤실 웃음이 나왔다.

동화 『레오의 폼 나는 초등 생활』| 글 이수용 그림 정경아

읽기 쓱쓱　'오늘의 이야기'를 읽고 문어가 든 메달 안에 ○ 하세요.

눈으로 읽기

따라 읽기

혼자 읽기

내용 쏙쏙 읽은 내용을 떠올리며 문제를 해결해 봅시다.

1 레오가 선반 위에 진열해 둔 것은 무엇인가요? (   )

① 만화책   ② 농구공   ③ 문제집

2 사람들이 물건을 모두 가져갔다는 말을 들은 레오의 마음은 어떠했나요? (   )

① 물건을 도둑맞았다는 생각이 들어 속상했다.
② 뭔가를 나눌 수 있어 무척 기분이 좋았다.
③ 이제 내 물건이 아니라는 생각이 들어 허전했다.

'기증'의 한자어는 '부칠 기', '줄 증'이에요. 기증은 물품을 선물이나 기념으로 거저 주는 것을 말해요!

3 레오는 기증을 많이 해서 '어린이 기증왕'에 뽑히는 상상을 합니다. 그러다가 레오가 헤실헤실 웃은 이유는 무엇인가요?

_____

_____

_____

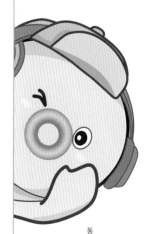

동화로 키우는 문해력 어휘력 발달 프로젝트

낱말을 따라 쓰고 또박또박 읽어 봅시다.

기	증
기	증

헤	실	헤	실
헤	실	헤	실

싱겁고 어설프게 웃는 모양을 '헤실헤실'이라고 표현해요!

뜻을 생각하며 '헤실헤실'을 넣어 짧은 문장을 지어 봅시다.

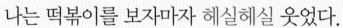

나는 떡볶이를 보자마자 헤실헤실 웃었다.

_____

_____

생활 쑥쑥 다른 사람들을 위해 내가 기증하고 싶은 재능(물건)을 쓰고,
기증받고 싶은 재능(물건)도 써 봅시다.

내가 기증하고 싶은
재능/물건

LUCKY BOX

내가 기증받고 싶은
재능/물건

LUCKY BOX

 기증 예시

공부(수학, 영어 등), 운동(축구, 달리기 등), 물건(지우개, 연필 등),
시간, 봉사, 간식 등

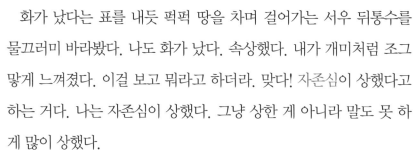

오늘의 이야기

헛소문이 퍼지다

#헛소문 #가짜 뉴스 #진심

　화가 났다는 표를 내듯 퍽퍽 땅을 차며 걸어가는 서우 뒤통수를 물끄러미 바라봤다. 나도 화가 났다. 속상했다. 내가 개미처럼 조그맣게 느껴졌다. 이걸 보고 뭐라고 하더라. 맞다! 자존심이 상했다고 하는 거다. 나는 자존심이 상했다. 그냥 상한 게 아니라 말도 못 하게 많이 상했다.

　"야."

　나는 소리를 빽 질렀다. 서우가 돌아봤다.

　"너는 뭐 다 잘한 줄 알아? 너는 내 잇새에 낀 고춧가루 보고 배를 잡고 웃었잖아? 아이들한테 소문도 다 냈잖아? 그건 뭐 잘한 거야?"

　하도 자존심이 상해서 눈물이 났다.

　"나는 사실을 사실대로 말했어. 네 이에 고춧가루가 끼어 있었잖아. 내가 본 대로 말한 건데 그게 뭐? 나는 헛소문을 낸 게 아니야. 하지만 너는 헛소문을 냈어. 헛소문을 냈으니까 네가 책임져."

　서우는 쏘아붙이더니 돌아서서 가 버렸다.

동화 『잘 따돌리는 기술』 | 글 박현숙 그림 조히

읽기 쓱쓱　'오늘의 이야기'를 읽고 문어가 든 메달 안에 ○ 하세요.

눈으로 읽기

따라 읽기

혼자 읽기

22

읽은 내용을 떠올리며 문제를 해결해 봅시다.

1 주인공이 서우에게 속상한 것은 무엇인가요? (   )

① 내 잇새에 고춧가루가 낀 것을 서우가 소문낸 것
② 서우의 생일에 나를 초대하지 않은 것
③ 개미처럼 조그맣게 느껴지는 것

'자존심'의 한자어는 '스스로 자', '높을 존', '마음 심'이에요. 자존심은 남에게 굽히지 않고 스스로 자기 몸과 마음을 높이는 마음이에요!

2 이 글을 보고 바르게 생각하는 사람은 누구인가요? (   )

① 철수 : 사실이면 어떤 내용이라도 다른 사람에게 소문낼 수 있어.

② 영희 : 상대가 곤란해하면 사실이라고 해도 다른 사람에게 소문내면 안 돼.

③ 보미 : 화가 나고 속상하면 다른 사람에게 소리를 질러도 돼.

3 주인공인 나는 서우의 어떤 부분에 대해 헛소문을 냈을까요?
서우를 화나게 만든 헛소문을 상상하여 써 보세요.

_____

_____

_____

낱말 쏙쏙 낱말을 따라 쓰고 또박또박 읽어 봅시다.

자	존	심
자	존	심

헛	소	문
헛	소	문

근거 없이 떠돌면서 들려오는 말을 '헛소문'이라고 해요!

뜻을 생각하며 '헛소문'을 넣어 짧은 문장을 지어 봅시다.

친구가 나에 대해 헛소문을 내고 다닌다.

생활 쏙쏙

'소문난 맛집, 즐거운 학교'처럼 기분 좋은 소문도 있어요.
아래에 있는 내용 중 기분 좋은 소문에 ○를 해 봅시다.

동화로 키우는 문해력 어휘력 발달 프로젝트

오늘의 이야기

대망의 오디션

#꿈 #자신감 #즐거움

드디어 오디션을 보는 날이에요.

"하랑아, 나 너무 떨려."

하랑이가 동글동글한 지구 모양 초콜릿을 건넸어요.

"우아, 이거 투엑스 언니들이 광고하는 초콜릿이잖아!"

"너도 투엑스 좋아해?"

"당연하지. 내 꿈의 원조는 투엑스야!"

역시 하랑이는 나보다 한 수 위예요.

드디어 내 차례예요. 하랑이 응원을 받으며 무대에 섰어요. 댄스 학원에 오고 나서 처음으로 혼자 서 보는 무대예요.

선생님 사인에 고개를 까딱했어요. 음악에 내 몸을 맡겼어요. 내가 다음 안무를 생각하기도 전에 몸은 다음 동작을 하고 있었어요.

"오, 아윤이가 연습을 많이 했구나. 대단해!"

선생님이 박수를 쳐 주며 칭찬했어요.

하랑이도 양손으로 엄지손가락을 치켜올리며 흔들었어요.

"너는 완전 무대 체질인가 봐. 떨지도 않고."

동화 『아이돌 스타』| 글 류미정 그림 조현숙

읽기 쏙쏙   '오늘의 이야기'를 읽고 문어가 든 메달 안에 ○ 하세요.

눈으로 읽기

따라 읽기

혼자 읽기

1 하랑이가 아윤이를 응원하기 위해 준 것은 무엇인가요? (   )

① 초콜릿   ② 투엑스 CD   ③ 편지

'체질'은 날 때부터 지니고 있는 몸의 특징을 뜻해요. '무대 체질'은 사람이 많은 무대에서 떨지 않고 멋진 기량을 발휘하는 것을 의미해요!

2 하랑이는 아윤이의 오디션이 끝난 뒤에 어떻게 칭찬을 해 주었나요? (   )

① "너 정말 투엑스 언니들 같아!"
② "조금만 더 여유를 갖고 춤을 추면 좋았을 텐데."
③ "너는 완전 무대 체질인가 봐. 떨지도 않고."

3 상황에 따른 아윤이의 마음 변화를 생각하며 표정을 그려 봅시다.

오디션을 보기 전   오디션을 본 후

낱말을 따라 쓰고 또박또박 읽어 봅시다.

한	수	위
한	수	위

체	질
체	질

'수'는 일을 처리하는 방법이나 수완을 뜻해요. 능력이나 실력이 월등하게 뛰어난 것을 '한 수 위'라고 표현해요!

뜻을 생각하며 '한 수 위'를 넣어 짧은 문장을 지어 봅시다.

문어의 축구 실력은 나보다 한 수 위야!

_____

_____

어떤 대회에 내가 나가면 우승을 할 수 있을까요? 대회 이름을 쓰고, 우승하여 기뻐하는 나의 표정을 그려 봅시다.

제1회 □ 대회

첫 번째 복습 마당

몸풀기 마당

지워진 자음을 찾아 낱말을 완성하고, 빈칸에 써 봅시다.

예

ㅜ ㅏ	ㅗ ㅜ 아	ㅑ ㅟ	ㅠ
과일 이름 수박	복숭아	키위	귤

1
새 이름

까 ㅟ   차 ㅐ   ㅗ수ㅣ   가매ㅣ

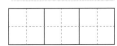

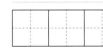
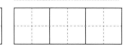

2
꽃 이름

무구과   자ㅣ   ㅐ나ㅣ   ㄴ드ㅔ

오늘의 받아쓰기

들려주는 낱말을 잘 듣고 빈칸에 써 봅시다.

 음원 재생 찰칵!

① 　　　　　　　　② 　　　　　

③ 　　　　　　　　④ 　　　

⑤ 　　

암호를 찾아 문장을 만드는 미션을 완성해 봅시다.

 놀이
방법

1) 아래 3개의 암호문에서 낱말이 될 글자를 찾아 ○ 해요.
2) 찾은 3개의 낱말을 옆 빈칸에 써요.
3) 3개의 암호를 사용하여 하나의 문장을 만들어요.

이것은 무엇일까요?(힌트: 두 글자 낱말)	암호 쓰기
가우방렌	
키기레증	
행이미복	

위에서 찾은 3개의 낱말을 모두 넣어 하나의 문장을 만들어 봅시다.

이다음에 커서

#꿈 #갈등 #이해

"학교에서 '미래의 진로 조사서' 작성해 오란 숙제를 내 줬다며?"

"아, 그랬나?"

"동네 엄마한테 다 들었거든. 숙제 끝냈어?"

약점이 잡힌 충재는 고개를 푹 숙인 채 우물쭈물했다. 그리고 잔뜩 기가 죽어 책가방을 열었다.

충재는 책상 앞에 앉아서 숙제를 시작했다.

"진로 조사서, 장래 희망을 적으시오……."

충재는 턱을 괴고 앉았다. 그리고 이다음에 커서 뭐가 되면 좋을지에 대해서 생각해 보았다.

충재의 꿈은 자주 바뀌었다. 학교에 들어가기 전까지만 하더라도 공룡이 되어 이 세상의 악당들을 몽땅 혼내 주고 싶었다. 그런데 엄마는 이런 말로 대번에 충재의 꿈을 산산조각 냈다.

"사람은 공룡이 될 수 없어. 공룡은커녕 코끼리나 사자도 될 수 없어. 그리고 지금은 공룡이 전부 멸종돼서 실제로는 볼 수도 없다고."

그 말을 들은 충재는 펑펑 울면서 꿈을 바꾸기로 마음먹었다.

동화 『우리 엄마는 모른다』 | 글 서지원 그림 정경아

 읽기 쏙쏙 '오늘의 이야기'를 읽고 문어가 든 메달 안에 ○ 하세요.

눈으로 읽기   **따라 읽기**

혼자 읽기

![내용 쏙쏙] 읽은 내용을 떠올리며 문제를 해결해 봅시다.

1 충재가 우물쭈물한 까닭은 무엇인가요? (   )

① 엄마에게 숙제 끝내지 않은 것을 들켰기 때문에

② 어떤 간식을 먹을지 결정하지 못했기 때문에

③ 이다음에 커서 무엇이 되면 좋을지 생각해 본 적이 없기 때문에

망설이거나 어쩔 줄 모르는 모양을 '우물쭈물'이라고 표현해요!

2 충재가 다니는 학교에서 내 준 숙제는 무엇인가요? (   )

① 책가방 정리하기

② 어릴 적 꿈 적기

③ 장래 희망 적기

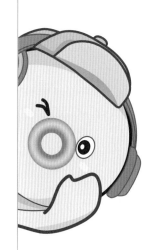

3 학교에 들어가기 전 충재가 가진 꿈은 무엇이었나요? (   )

① 악당   ② 공룡   ③ 사자

동화로 키우는 문해력 어휘력 발달 프로젝트

낱말 쏙쏙 낱말을 따라 쓰고 또박또박 읽어 봅시다.

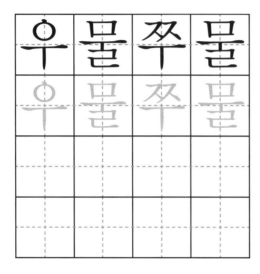

우	물	쭈	물
우	물	쭈	물

마	음	먹	다
마	음	먹	다

무엇을 하겠다고 다짐하거나 결심하는 것을 '마음먹다'라고 표현해요!

뜻을 생각하며 '마음먹다'를 넣어 짧은 문장을 지어 봅시다.

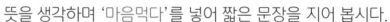

나는 친구를 하루에 한 번 이상 도와주겠다고
마음먹었다.

생활 쏙쏙

'모든 일은 마음먹기에 달렸다.'라는 말을 들어 본 적이 있나요?
아래 세 가지 주제를 생각해 보고 실천할 일을 써 봅시다.

모든 일은 마음먹기에 달렸어!

(이)의 마음먹기

어떤 일이든 '나는 할 수 있
어!'라고 생각하면 불쑥 용
기가 솟기도 하고, '망했어!'
라고 생각하는 순간 쉽게 할
수 있는 일도 어렵게 돼 버
리지요. 무엇이든 내 생각과
마음가짐이 중요해요.

01 나의 꿈을 위한 마음먹기
어떤 어른이 되고 싶나요? 어떤 직업을 갖고 싶나요?

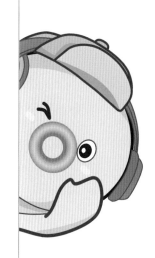

02 주변 사람들을 위한 마음먹기
주변 사람들을 행복하게 할 수 있는 일에는 무엇이 있을까요?

03 지구를 위한 마음먹기
환경 보호를 위해 내가 실천할 수 있는 일에는 무엇이 있을까요?

오늘의 이야기

쥐가 나타났다!

#자존감 #학교 폭력 #용기

꺅! 수업 중에 갑자기 한 아이가 비명을 질렀다. 다른 아이들도 덩달아 비명을 지르기 시작했다. 조용하던 교실이 순간 아수라장이 되었다. 난데없이 쥐 한 마리가 교실 안으로 들어온 것이다.

"찍찍, 찍찍찍⋯⋯."

새끼 쥐 한 마리가 교실 곳곳을 헤매고 다녔. 놀라기는 쥐도 마찬가지였다.

악! 으악! 숨어 있던 쥐가 후다닥 뛰어나와 엎드려 있던 맹지희 손등을 밟고 지나갔다. 맹지희는 울면서 펄쩍펄쩍 뛰었다. 쥐가 밟고 지나간 손등을 허벅지에 비비며 소리를 질렀다. 나는 심장이 쿵쾅쿵쾅 뛰었다.

그때 지우개가 떠올랐다. 심호흡을 크게 한 번 하니 평정심이 찾아졌다. 내 자리로 돌아가 앉아서 공책에 썼다.

'4학년 7반에 들어온, 회색 쥐 한 마리.'

쓱쓱 글씨를 지웠다. 그러자 찍찍, 찌⋯⋯ 이내 소리가 잦아들더니 쥐의 존재는 흔적도 없이 사라져 버렸다.

동화 『레벨 업 브라더』| 글 엄상미 그림 국민지

읽기 쓱쓱 '오늘의 이야기'를 읽고 문어가 든 메달 안에 ○ 하세요.

눈으로 읽기

따라 읽기

혼자 읽기

내용 쏙쏙 읽은 내용을 떠올리며 문제를 해결해 봅시다.

1 교실에 무엇이 들어와서 아수라장이 되었을까요? (　　)

① 벌

② 쥐

③ 새

'아수라장'은 혼란스럽고 어지러운 상태에 빠진 곳이나 상태를 뜻해요!

2 주인공이 교실의 문제를 해결한 방법은 무엇인가요? (　　)

① 빗자루를 이용하여 잡았다.

② 글씨를 쓰고 지우개로 지우니 사라졌다.

③ 창문을 열어 내쫓았다.

3 나에게 특별한 지우개가 있다면 무엇을 없애고 싶나요? 아래의 빈칸에 없애고 싶은 것을 쓰고, 내 지우개로 지워 보세요.

혹시 몰라, 진짜 사라질지도?

동화로 키우는 문해력 어휘력 발달 프로젝트

낱말 쏙쏙 낱말을 따라 쓰고 또박또박 읽어 봅시다.

아	수	라	장
아	수	라	장

헤	매	다
헤	매	다

길을 잃었거나 무언가를 찾기 위해 이리저리 돌아다니는 것을 '헤매다'라고 해요!

뜻을 생각하며 '헤매다'을 넣어 짧은 문장을 지어 봅시다.

> 한참을 헤맸지만 집이 보이지 않았다.

_____

_____

생활 삭삭 　아수라장의 어원을 알아보고, 인도의 전설에 등장하는 동물 아수라를 상상하여 그려 봅시다.

'아수라'는 인도에서 '싸우기 좋아하는 포악한 동물'을 의미합니다. 그래서 '아수라장'은 원래 '피비린내 나는 아수라의 싸움터'라는 뜻이에요.
요즘은 '눈 뜨고 볼 수 없을 만큼 끔찍하게 어지러운 현장'을 의미하는 단어로 쓰여요.
인간의 몸통에 세 개의 머리, 여섯 개의 팔이 달린 전설의 동물입니다.
보통 바다 밑에 살고 싸움을 아주 좋아한다고 합니다.

음원 재생
찰칵!

8일차   월   일

오늘의 이야기

호동이의 꿈

#공감 #이해 #행복

호동이의 꿈은 의사도 변호사도 선생님도 아니에요. 호동이의 꿈은 다른 친구들과는 조금 달라요. 정말 소박한 꿈이지요. 호동이는 그날 일만 생각하면 지금도 억울해요.

"저는 빨리 어른이 되는 게 꿈입니다. 초등생으로 오랫동안 살고 있어서 너무 힘들기 때문입니다. 하루라도 빨리 어른이 되기 위해 앞으로도 열심히 노력하겠습니다."

호동이가 발표를 마쳤을 때, 비웃는 친구들과 달리 선생님은 분명히 흐뭇하게 웃고 있었어요. 그런데 다시 생각해 보니 그게 아니었나 봐요. 엄마가 선생님과 상담을 하고 와서 저렇게 화가 난 걸 보니 말이에요. 호동이는 엄마 눈치를 살피느라 침도 소리 안 나게 삼켰다니까요.

"신호동, 너 정말 어른이 되는 게 장래 희망이야?"

엄마가 어이없다는 듯 호동이를 쏘아보며 물었어요. 어른이 물어보면 빨리 대답을 하라고 했던 말이 떠올랐어요.

"네."

동화 『힘내라! 공팔일삼!』 | 글 신채연 그림 권송이

읽기 쏙쏙   '오늘의 이야기'를 읽고 문어가 든 메달 안에 ○ 하세요.

눈으로 읽기

따라 읽기

혼자 읽기

내용 쏙쏙 읽은 내용을 떠올리며 문제를 해결해 봅시다.

1 호동이의 소박한 꿈은 무엇인가요? (   )

　　① 자신 있게 큰 목소리로 발표하는 것
　　② 부모님과 행복하게 오래 사는 것
　　③ 빨리 어른이 되는 것

욕심이나 꾸밈이 없는 것을
'소박하다'라고 표현해요!

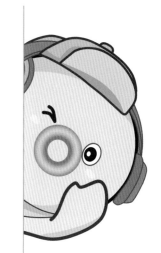

2 호동이 엄마가 선생님과 상담을 하고 느낀 마음에 가장 가까운 것을 골라 보세요. (   )

　　① 호동이의 장래 희망을 알고 어이없는 마음
　　② 발표할 때 목소리가 묻힌 호동이가 안쓰러운 마음
　　③ 선생님의 말씀을 듣고 호동이가 자랑스러운 마음

3 호동이가 발표를 마쳤을 때, 친구들과 선생님의 반응이 어땠는지 떠올리며 빈칸에 들어갈 알맞은 단어를 찾아 써 보세요.

□□는 친구들

□□하게 웃는 선생님

동화로 키우는 문해력·어휘력 발달 프로젝트

41

낱말을 따라 쓰고 또박또박 읽어 봅시다.

생각하지도 못한 일이 벌어지거나 황당한 일을 겪었을 때 '어이없다'라고 표현해요!

뜻을 생각하며 '어이없다'를 넣어 짧은 문장을 지어 봅시다.

장갑을 손에 낀 채로 장갑이 없다며 집안을
들쑤시는 동생을 보니 어이없어.

생활 쏙쏙   어른이 되면 어떤 점이 좋을까요? 호동이의 마음을 짐작하며
초등학생으로서 힘든 점을 적고, 어른이 되면 좋은 점을
생각하여 써 봅시다.

■ **초등학생은 이런 점이 힘들어요!**

_____

_____

_____

_____

■ **어른이 되면 이런 점이 좋을 것 같아요!**

_____

_____

_____

_____

초등생으로 오랫동안 살고 있어서 너무
힘들기 때문입니다. 하루라도 빨리 어른이
되기 위해 앞으로도 열심히 노력하겠습니다.

오늘의 이야기

돌아오는 문제집

#겸손 #이해심 #우정

　모든 것이 문제집 때문이다. 밤을 꼬박 세운 것도 엄마한테 야단 맞을 뻔한 것도. 가방에 문제집을 쑤셔 넣고 집을 나섰다. 학교 가는 길에 있는 공원 쓰레기통에 문제집을 버렸다. 이제 문제집이 사라졌으니 내가 풀 수 없는 문제도 사라진 셈이다.

　교실로 들어서는데 느낌이 이상했다.

　'앗, 이건!'

　등줄기에 식은땀이 쫙 흘렀다. 버린 문제집이 내 책상 위에 떡하니 놓여 있지 않은가.

　잽싸게 문제집을 덮어 책상 서랍에 넣었다. 군데군데 얼룩이 묻고 냄새가 나서 손도 대기 싫었지만 어쩔 수 없었다. 1교시 쉬는 시간이 되었다. 나는 옷 속에 문제집을 숨기고 화장실로 갔다. 문을 잠그고 문제집을 갈기갈기 찢어서 쓰레기통에 버렸다.

　'휴, 시원하다. 진작 찢어서 버릴걸.'

　홀가분하게 교실로 돌아왔다. 그런데 책상 위를 본 순간 눈앞이 하얗게 변했다. 유리 테이프가 덕지덕지 붙은 문제집이 놓여 있는 것이 아닌가.

동화 『무서운 문제집』 | 글 선시야 그림 김수영

읽기 쏙쏙　'오늘의 이야기'를 읽고 문어가 든 메달 안에 ○ 하세요.

눈으로 읽기

따라 읽기

혼자 읽기

읽은 내용을 떠올리며 문제를 해결해 봅시다.

1 학교 가는 길에 주인공이 문제집을 버린 장소는 어디인가요? (   )

① 정류장 쓰레기통   ② 공원 쓰레기통   ③ 문구점 쓰레기통

'식은땀'은 덥지 않아도 아파서 나는 땀을 뜻해요. 또는 너무 긴장하거나 놀랐을 때도 '식은땀이 난다'라고 표현해요!

2 학교에 도착한 주인공의 등에서 식은땀이 난 이유는 무엇인가요? (   )

① 문제집을 버린 것이 학교에 소문났기 때문에
② 버린 문제집보다 더 어려운 문제집을 선생님이 주었기 때문에
③ 쓰레기통에 버린 문제집이 책상 위에 놓여 있어서

3 내가 주인공이라면 어떻게 했을까요? 문제집을 없앨 수 있는 방법을 고민하여 써 보세요.

_____

_____

_____

 낱말을 따라 쓰고 또박또박 읽어 봅시다.

식	은	땀
식	은	땀

홀	가	분	하	다
홀	가	분	하	다

복잡하거나 귀찮은 것에서 벗어나 가볍고 편안한 상태를 '홀가분하다'라고 표현해요!

뜻을 생각하며 '홀가분하다'를 넣어 짧은 문장을 지어 봅시다.

중요한 시험이 끝나니 마음이 홀가분하다.

_____

_____

만화를 읽으며 띄어쓰기에 대한 규칙을 알아봅시다.

다음 일기에서 띄어쓰기가 틀린 세 부분을 찾아 바르게 고쳐 봅시다.

<제목 : 가족들과 소풍>

오늘은 동물원에 가기로 한 날이다. 그런데 가족들 모두 늦 잠을 자 버려서 동물원에는 가지 못했다. 대신 날씨가 좋아 가족들과 근처 공원으로 놀러 갔다. 엄마가 싸 주신 맛있는 김 밥도 먹었다. 다 먹고 음료수 캔을 쓰레기통에 버리려 던졌는데, 하마터면 옆에 있는 꼬마가 맞을 뻔했다. 엄청난 식은 땀이 흘렀다. 다음부터는 절대로 물건을 던지지 말아야겠다.

 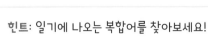 힌트: 일기에 나오는 복합어를 찾아보세요!

오늘의 이야기

내 몸 내놔!

#화합 #양성 평등

내 앞에 걸어가는 아이, 그건 분명히 나, 정주혁이었어.

'저것이 무엇이지? 영혼이 외출했나? 그러면 지금 나는 영혼이고, 저것이 내 몸인가?'

나는 내 몸을 잃어버릴까 봐 어서 들어가야 한다고 생각하고는 부리나케 뛰어갔어. 내 몸이 탄 엘리베이터의 문이 막 닫히려는 순간, 간신히 신발 가방을 넣어서 문을 열었는데, 엘리베이터 안에 있던 내 몸이 이번에는 비명을 질렀어. 으악!

"넌 누구야? 왜 내 모습을 하고 있어?"

"너야말로 누구야? 정체를 밝혀!"

우리는 당황해서 소리쳤어.

꺄악! 우리 몸이 뒤바뀐 거였어. 내가 오아름이 되고, 오아름이 내가 된 거야!

"내 몸 물어내. 빨리 내 몸 돌려줘! 당장 안 내놔?"

"너야말로 내 몸 내놔! 왜 가져갔어? 빨리 안 내놔?"

우리는 서로의 팔을 잡고 흔들었어.

동화 『어느 날 갑자기 2』 | 글 서지원 그림 심윤정

읽기 쏙쏙 　'오늘의 이야기'를 읽고 문어가 든 메달 안에 ○ 하세요.

눈으로 읽기

따라 읽기

혼자 읽기

읽은 내용을 떠올리며 문제를 해결해 봅시다.

1 내가 엘리베이터로 부리나케 뛰어간 까닭은 무엇인가요? (　　)

　① 엘리베이터에 물건을 떨어뜨렸기 때문에
　② 누군가 내 물건을 훔쳐 갔기 때문에
　③ 내 몸을 잃어버릴까 봐 걱정되었기 때문에

아주 급하게 서두르는 모습을
'부리나케'라고 표현해요!

2 글 속의 주인공인 '나'는 누구와 몸이 바뀌었나요? (　　)

　① 오아름　　　　　　　　② 정주혁

3 글 속의 두 인물이 함께한 행동이 아닌 것은 무엇인가요? (　　)

　① 당황해서 소리치기
　② 팔을 잡고 흔들기
　③ 옷을 서로 바꿔 입기

 낱말 쏙쏙   낱말을 따라 쓰고 또박또박 읽어 봅시다.

부	리	나	케
부	리	나	케

밝	히	다
밝	히	다

'밝히다'는 알려지지 않은 사실이나 생각을 드러내 알리는 것을 의미해요!

뜻을 생각하며 '밝히다'를 넣어 짧은 문장을 지어 봅시다.

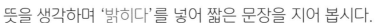
경찰에게 나의 이름과 신분을 밝혔다.

생활 쏙쏙 만약 내가 원하는 인물과 하루만 몸을 바꿀 수 있다면 어떨까요? 재미있게 상상하며 다음 물음에 답해 봅시다.

누구와 몸을 바꾸고 싶나요?
(주변 사람, 유명인, 동물 모두 가능해요.)

왜 그 인물과 몸을 바꾸고 싶나요?

위에 적은 인물과 내가 몸을 바꾼 뒤의 하루를 상상하여 5줄 일기를 써 봅시다.

_____

_____

_____

_____

_____

두 번째 복습 마당

몸풀기 마당

<보기>와 같이 주어진 글자를 보고 네 글자 낱말을 완성해 봅시다.

<보기>

강	강	술	래

고	무	장	갑

①
대	한		

②
두	루		

③
어	린		

④
뭉	게		

오늘의 받아쓰기

들려주는 낱말을 잘 듣고 빈칸에 써 봅시다.

음원 재생 찰칵!

①
②
③
④
⑤

세 낱말의 빈칸에 들어갈 알맞은 글자를 찾고, 각 글자에
주어진 색깔로 글자 퍼즐을 색칠해 완성되는 그림이
무엇인지 써 봅시다.

어⬜없다

생각하지도 못한 일이 벌어지거나
당황스러운 일을 겪었을 때

헤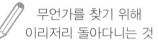다

무언가를 찾기 위해
이리저리 돌아다니는 것

부리나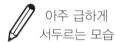

아주 급하게
서두르는 모습

아	아	아	의	의	의	의	의	의	의	아	아	아
의	의	의	이	이	이	의	의	이	이	의	의	의
의	의	의	이	케	이	의	의	이	케	이	의	의
의	의	의	이	이	이	의	의	이	이	이	의	의
캐	캐	이	이	이	이	이	이	이	이	이	캐	캐
캐	이	이	이	이	이	이	이	이	이	이	이	캐
캐	이	이	이	이	이	이	이	이	이	이	이	캐
캐	이	이	이	이	이	이	이	이	이	이	이	캐
캐	이	이	매	매	매	매	매	매	매	매	이	이	캐
캐	이	이	이	매	매	매	매	매	매	이	이	이	캐
메	메	이	이	이	매	매	매	매	이	이	이	메	메
메	메	메	이	이	이	이	이	이	이	메	메	메
메	메	메	의	의	의	의	의	의	의	메	메	메
메	메	메	의	의	의	의	의	의	의	메	메	메

무엇이 보이나요? _____

오늘의 이야기

동생 꼬시기

#용돈 #형제애 #우정

엄마가 안방에서 나오며 나를 불렀어요.

"수민아, 우민이 잘 보고 있어. 엄마, 동네 카페로 모임 갔다 올 거야. 저녁 전에는 올 거니까 우민이랑 싸우지 말고."

퉁명스레 대답하고 거실 소파에 벌러덩 누웠어요. 우민이는 내 곁에 앉아 티브이 만화를 보고 있었지요. 우민이 용돈이라도 쓰고 싶은 마음이 몽글몽글 솟아났어요.

"우민아, 너 과자 먹고 싶지 않니? 아이스크림은 어때, 응?"

"과자 좋아! 아이스크림도 좋아!"

우민이가 내 물음에 신이 나서 외쳤어요.

"그럼 우리, 맛있는 아이스크림 사 먹으러 갈까?"

"나, 돈 안 쓸 건데……. 많이 모을 거야."

"안 쓰고 모으기만 하면 돈이 썩어. 음식 상하면 버리잖아. 돈도 안 쓰면 그렇게 된다니까. 그러니까 우민아, 누나랑 마트 가자. 거기 가서 우리 돈 안 썩게 맛있는 과자랑 아이스크림 사 먹자. 이번에 우민이가 사면 다음에는 누나가 두 배, 세 배로 사 줄게."

"응……."

동화 『동생 용돈 뺏기 작전』 | 글 장혜영 그림 박영

읽기 쓱쓱 '오늘의 이야기'를 읽고 문어가 든 메달 안에 ○ 하세요.

눈으로 읽기

따라 읽기

혼자 읽기

내용 쏙쏙 읽은 내용을 떠올리며 문제를 해결해 봅시다.

1 수민이가 동생과 단둘이 남게 된 이유는 무엇인가요? (　　)

① 부모님이 여행을 떠났기 때문에

② 엄마가 동네 카페로 모임을 갔기 때문에

③ 부모님이 늦게까지 일하기 때문에

'솟아나다'는 아래에서 위로, 또는 안에서 밖으로 나오는 것을 의미해요.
'생각(마음)이 솟아나다' 라는 것은 생각이 떠오른 것을 뜻해요!

2 수민이는 무엇을 하고 싶은 마음이 솟아났나요? (　　)

① 동생과 몰래 게임하고 싶은 마음

② 동생과 몰래 놀이터에 가고 싶은 마음

③ 동생 용돈으로 군것질하고 싶은 마음

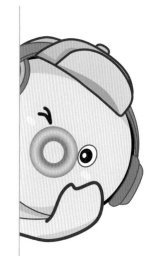

3 수민이, 우민이 남매는 누구의 용돈을 사용하게 될까요? (　　)

① 누나 수민　　　　　② 동생 우민

동화로 키우는 문해력 어휘력 발달 프로젝트

낱말을 따라 쓰고 또박또박 읽어 봅시다.

세균이나 곰팡이에 의해 분해되어 원래의 성질을 잃고 상태가 바뀌는 것을 '썩다'라고 표현해요!

뜻을 생각하며 '썩다'를 넣어 짧은 문장을 지어 봅시다.

우민이는 양치를 잘 하지 않아 이가 썩었다.

만화를 읽으며 헷갈리는 맞춤법을 알아봅시다.

받침이 헷갈리는 단어를 알아봅시다.

썩다 세균이나 곰팡이에 의해 상태가 바뀌는 것.

섞다 두 가지 이상을 합치는 것.

꺾다 단단한 물체를 구부려서 다시 펴지지 않게 하거나 끊어지게 함.

깎다 물체의 거죽이나 표면을 얇게 벗겨 내는 것.

헷갈리는 낱말에 주의하며 빈칸을 채워 봅시다.

① 연필을 뾰족하게 ⬜⬜ .

② 꽃을 ⬜⬜ .

③ 벌레가 생긴 것을 보니 과일이 ⬜⬜ .

④ 우유와 미숫가루를 ⬜⬜ .

오늘의 이야기

최고의 숙제 선생님

#자존감 #우정 #익살

"지완아! 이제 엄마 없는 동안 '숙제 선생님'이 네 숙제를 봐줄 거야. 안 그래도 걱정했는데 참 잘됐어."

오잉? 웬 뚱딴지같은 소리지? 나한테는 이미 선생님이 무지무지 많은데. 학교 선생님이랑 학원 선생님, 학습지 선생님까지 다 합치면 다섯 명도 넘는다.

"숙제 선생님이요? 세상에 그런 선생님도 있어요?"

엄마는 씨익 입꼬리를 올리며 손에 들고 있던 종이를 내 눈앞에 들이밀었다. 거기엔 이런 내용이 적혀 있었다.

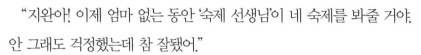

아는 사람만 아는 최고의 숙제 선생님,
숙제 잘하는 특급 비법 전수!

엄마는 전쟁에서 이긴 장수처럼 어깨를 쭉 펴고 양팔을 허리에 척 얹었다. 말도 안 돼! 이제 겨우 숙제 잔소리에서 벗어나나 싶었는데……. 나는 그만 다리에 힘이 풀려 주저앉고 말았다.

"아무나 소개받을 수 있는 선생님이 아니래. 전화해 보니 선생님 말투도 꼬장꼬장……. 아, 아니 고상하고 강직한 게 꽤 믿음직스럽더라. 그래서 선생님 마음 바뀌기 전에 당장 내일부터 시작하기로 했어!"

동화 『아는 사람만 아는 서당개 선생님』 | 글 소하연 그림 박현주

읽기 쏙쏙   '오늘의 이야기'를 읽고 문어가 든 메달 안에 ○ 하세요.

눈으로 읽기   따라 읽기   혼자 읽기

내용 쏙쏙   읽은 내용을 떠올리며 문제를 해결해 봅시다.

'전수'는 기술이나 지식을 전달하는 것을 의미해요!

1   지완이네 집에 오기로 한 선생님은 누구인가요? (   )

① 청소 선생님

② 놀이 선생님

③ 숙제 선생님

2   새로 오실 선생님에 대한 설명이 아닌 것은? (   )

① 숙제 잘하는 특급 비법을 전수해 주신다.

② 말투가 어눌하다.

③ 고상하고 강직한 게 믿음직스럽다.

3   올 한 해 주인공에게는 다섯 명이 넘는 선생님이 계셨어요.
나에게는 몇 명의 선생님이 계시나요? 올 한 해 내가 만난 선생님을
모두 써 보세요.

_____

_____

_____

동화로 키우는 문해력 어휘력 발달 프로젝트

낱말을 따라 쓰고 또박또박 읽어 봅시다.

뚱	딴	지
뚱	딴	지

전	수
전	수

'뚱딴지'는 행동이나 사고방식 따위가 너무 엉뚱한 사람을 놀림조로 이르는 말이에요.
어떤 사람이 어이없거나 말도 안 되는 엉뚱한 이야기를 할 때 '뚱딴지같다' 라고 해요!

뜻을 생각하며 '뚱딴지'를 넣어 짧은 문장을 지어 봅시다.

동생이 뚱딴지처럼 오늘은
해가 서쪽에서 떴다고 말했다.

'뚱딴지'의 뜻을 생각하며 엉뚱하고 재미있는 문장을
돼지감자 속에 써 봅시다.

돼지감자를 '뚱딴지'라고도
부릅니다. 돼지감자는 일반
감자와는 모양도, 크기도, 무
게도 모두 달라요. 꽃과 잎은
일반 감자같이 생기지 않았는
데 땅속줄기가 감자 모양인
것이 특징이에요.

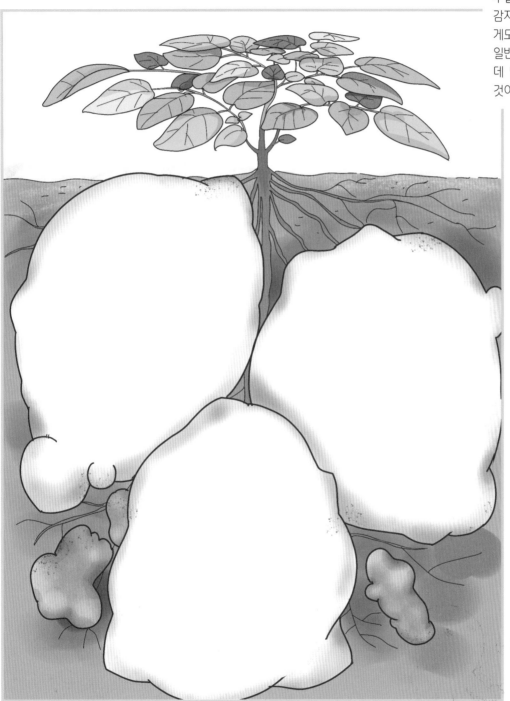

＊주의 : 욕이나 비속어는 사용하면 안 돼요!

오늘의 이야기

나와라, 똥!

#재치 #즐거움 #학교생활

　끄응, 레오는 똥구멍에 힘을 주었다. 얼굴이 새빨개지다 못해 콧등에 땀이 송골송골 났다.

　"레오야, 안 나와? 아직도 소식이 없어?"

　엄마가 문밖에서 물었지만, 다리가 저려서 대답할 힘도 없었다.

　"그냥 병원 가자. 응?"

　"괜찮아, 엄마. 금방 나올 것 같아."

　한참 더 변기에 앉아 있었지만, 바둑알만 한 똥 하나밖에 누지 못했다. 똥을 시원하게 못 눴더니 온종일 아랫배가 살살 아프고, 시도 때도 없이 방귀가 나왔다. 냄새도 엄청 지독했다.

　저녁 식사로 엄마가 미역국과 샐러드, 나물 반찬이 가득한 밥상을 차려 주었다. 레오는 미역국에서 쇠고기만 골라 먹고 샐러드에서는 메추리알만 골라 먹었다.

　"너 그렇게 먹으면 뱃속에서 똥이 못 나오고 계속 쌓이면서 딱딱하게 굳어. 그러다 힘을 주면 똥구멍이 찢어질지도 모른다고. 그러면 진짜 병원 가서 똥 빼내야 해."

동화 『레오의 기절초풍 초등 생활』 | 글 이수용 그림 정경아

읽기 쏙쏙 '오늘의 이야기'를 읽고 문어가 든 메달 안에 ○ 하세요.

눈으로 읽기

따라 읽기

혼자 읽기

62

내용 쏙쏙 읽은 내용을 떠올리며 문제를 해결해 봅시다.

1 레오가 화장실에 들어가서 겪은 상황이 아닌 것은 무엇인가요? (   )

① 오랫동안 앉아 있어 다리가 저렸다.

② 휴지가 없어서 당혹스러웠다.

③ 힘을 너무 많이 줘서 콧등에 땀이 났다.

'저리다'는 신체 부위의 일부분이 오래 눌려서 피가 잘 통하지 못해 감각이 둔하고 아픈 상태를 의미해요!

2 레오가 평소 음식 먹는 습관을 표현한 문장으로 알맞은 것은 무엇인가요? (   )

① 다이어트를 위해 저녁 식사를 하지 않는다.

② 엄마가 차려 주신 음식을 골고루 먹는다.

③ 샐러드에서 메추리알만 골라 먹는다.

3 화장실에 있는 레오의 표정을 상상하여 그려 보세요.

동화로 키우는 문해력 어휘력 발달 프로젝트

낱말을 따라 쓰고 또박또박 읽어 봅시다.

저리다

굳다

무른 물질이 단단하거나 뻣뻣하게 되는 것을 '굳다'라고 해요!

뜻을 생각하며 '굳다'를 넣어 짧은 문장을 지어 봅시다.

화산 폭발로 흐르던 마그마가
단단하게 굳어 용암이 되었다.

생활 쏙쏙 만화를 읽으며 속담 '도둑이 제 발 저리다'의 뜻을 알아봅시다.

잘못을 저지른 사람은 자기 잘못을 들키게 될까 봐 마음이 조마조마하고 긴장하게 돼요. 자기도 모르게 자신의 잘못을 드러내는 것을 '도둑이 제 발 저리다'라고 표현해요.

나도 아들 문어처럼 '도둑이 제 발 저린' 경험을 해 본 적이 있나요? 어떤 상황이었는지 써 봅시다.

_____

_____

_____

_____

_____

오늘의 이야기

롱브릿지 숲에서 명심할 것

#모험
#상상력
#약속

내가 롱브릿지 숲으로 가는 이유는 할머니 사서를 만나기 위해서야. 사람들 말처럼 숲의 기억을 책으로 쓰고 있나요? 물어볼 거야.

그러고는 숲에 대한 내 기억을 슬쩍 흘리는 거지. 그러면 할머니 사서가 내 기억을 책으로 쓰겠지? 생각해 봐. 내 기억이 한 권의 책이 되어 도서관에 꽂혀 있는 모습을.

하지만 롱브릿지 숲으로 가려면 꼭 명심해야 할 것들이 있어.

첫째, 무슨 일이 있어도 손가락 열 개를 다 펴서는 안 돼. 열 손가락을 펴는 건 마녀들 세계에서는 아주 심한 욕이거든.

둘째, 롱브릿지 숲에 가려면 통과해야 하는 다리가 있어. 그 다리, 롱브릿지를 건널 때는 반드시 왼발 먼저 디뎌야 해. 깜빡 잊고 오른발 먼저 다리 위에 올려놓으면 롱브릿지가 롱 롱 로오오오옹 브릿지가 돼. 그러면 롱브릿지를 건너는 데 한 달도 넘게 걸릴 거야.

셋째, 절대 '기분 좋다'라는 표현을 하면 안 돼. 그 말을 하게 되면 롱브릿지 숲 검은 유령들이 너의 기분을 망치려 들 테니까.

그럼 이제 롱브릿지 숲으로 함께 가 볼까?

동화 『롱브릿지 숲의 비밀』 | 글 문신 그림 김준영

읽기 쏙쏙 '오늘의 이야기'를 읽고 문어가 든 메달 안에 ○ 하세요.

눈으로 읽기

따라 읽기

혼자 읽기

읽은 내용을 떠올리며 문제를 해결해 봅시다.

1 롱브릿지 숲에서 '기분 좋다'란 말을 하면 어떻게 될까요? (   )

① 숲을 걸을 때 힘이 들지 않는다.

② 긍정적인 마음이 주변에 전달되어 모두 행복해진다.

③ 롱브릿지 숲 검은 유령들이 기분을 망치려 든다.

명심의 한자어는 '새길 명', '마음 심'으로 잊지 않게 마음 깊이 새긴다는 뜻이에요!

2 롱브릿지 숲에서 명심해야 할 것은 무엇인가요? (   )

① 무슨 일이 있어도 손가락 열 개를 펴야 한다.

② 절대 '화가 난다'란 표현을 하면 안 된다.

③ 롱브릿지를 건널 때는 반드시 왼발을 먼저 디뎌야 한다.

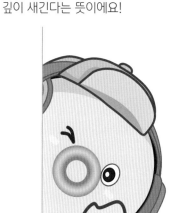

3 주인공이 롱브릿지 숲에 가서 할머니 사서를 만나 하려는 두 가지 일은 무엇인가요?

_____

_____

_____

 **낱말 쏙쏙** 낱말을 따라 쓰고 또박또박 읽어 봅시다.

명	심
명	심

기	분	좋	다
기	분	좋	다

마음에 생기며 한동안 지속
되는 감정이 좋은 상태를
'기분 좋다'라고 해요!

뜻을 생각하며 '기분 좋다'를 넣어 짧은 문장을 지어 봅시다.

집에 와서 음악을 들으니 무척 기분 좋다.

_____

_____

즐겁고 행복한 학교생활을 위해 내가 꼭 명심해야 할 마음가짐을 세 가지 써 봅시다.

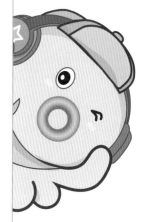

나의 다짐

1. 나는 (   ) 합니다.

2. 나는 (   ) 합니다.

3. 나는 (   ) 합니다.

년   월   일

작성자 (   )

 예시

– 경청(나는 수업 시간에 선생님 말씀을 경청합니다).

– 발표, 친구, 예의, 시간, 최선, 도전, 독서, 운동, 놀이, 배움,
  배려, 사랑, 긍정, 감사 등

음원 재생
찰칵!

오늘의 이야기

엄마 목소리를 담은 액

#말 #진심 #가족

15일차   월   일

"이것이 바로 네 엄마 목소리를 담은 액이란다."

할아버지가 작은 병을 건네며 말했다.

"네 엄마 목소리가 필요한 상황에 이걸 입 안에 한 번씩 뿌리렴.

그러면 네 목소리가 대략 3분 동안 엄마 목소리로 변하게 될 거야.

딱 열 번 사용할 수 있을 거다."

"한번 시험해 봐도 되나요?"

바로 시후에게 전화를 걸었다. 시후가 우리 엄마

목소리를 아니까 확인해 보기에 적당할 것 같았다.

"어, 지운아! 너 학원 안 갔어?"

시후가 전화를 받자마자 어리둥절한 목소리로 물었다.

"시후야!"

내 한마디에 시후 목소리가 대번에 움츠러들었다.

"아, 안녕하세요?"

시후는 긴장한 듯 말까지 더듬었다. 내 목소리가 내 목소리로 들

리지 않는 게 분명했다.

동화 『목소리 교환소』 | 글 김경미 그림 김미연

읽기 쏙쏙 '오늘의 이야기'를 읽고 문어가 든 메달 안에 ○ 하세요.

눈으로 읽기

따라 읽기

혼자 읽기

70

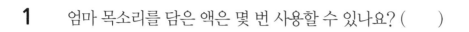

내용 쏙쏙 읽은 내용을 떠올리며 문제를 해결해 봅시다.

'대략'은 적당하게 짐작으로
헤아려 보는 것을 의미해요!

1 엄마 목소리를 담은 액은 몇 번 사용할 수 있나요? ( )

① 9번   ② 10번

③ 11번   ④ 12번

2 지운이가 시후에게 전화를 건 까닭은 무엇인가요? ( )

① 가장 친한 친구가 시후라서

② 시후를 깜짝 놀라게 해 주려고

③ 엄마의 목소리를 알고 있는 친구가 시후라서

3 나는 일 년에 동화책을 대략 몇 권 정도 읽나요?

대략 [   ] 권

읽은 책들 중에서 제목이 기억나는 동화책은 대략 몇 권인가요?

대략 [   ] 권

낱말을 따라 쓰고 또박또박 읽어 봅시다.

대	략
대	략

움	츠	러	들	다
움	츠	러	들	다

'움츠러들다'는 겁에 질리거나 갑작스런 상황에 어찌할 줄 몰라 기를 펴지 못하는 것을 뜻해요. 또한 몸이 오그라들거나 작아질 때에도 '움츠러들다'라는 표현을 사용해요!

뜻을 생각하며 '움츠러들다'를 넣어 짧은 문장을 지어 봅시다.

가수 앞에서 노래를 부르려니 내 몸이 움츠러들었다.

_____

_____

만일 나에게 누군가의 목소리와 바꿀 수 있는 신비한 약물이 있다면 어떻게 사용하고 싶은지 생각하여 그림과 글로 표현해 봅시다.

내 목소리와 바꾸고 싶은 사람	대화하고 싶은 사람	바뀐 목소리로 하고 싶은 말
아빠	엄마	여보, 오늘 삼겹살 구워 먹으면 어떨까?

세 번째 복습 마당

몸풀기
마당

외래어의 뜻을 생각하며 우리말로 바꿔 써 봅시다.

예 주스 ➡ 색깔 과일 음료

1
텔레비전

2
피자

3
버스

4
케이크

음원 재생
찰칵!

오늘의
받아쓰기

들려주는 낱말을 잘 듣고 빈칸에 써 봅시다.

①

②

③

④

⑤

놀이
마당

아래 글자를 이용해 뜻에 알맞은 낱말을 찾아 빈칸에 쓰고, 그 외에 다양한 낱말을 찾아봅시다.

제한 시간: 3분

미	거	썩	대
략	뚱	박	바
리	수	호	딴
다	지	저	술

① 세균이나 곰팡이에 의해 상태가 바뀌는 것. (힌트 56쪽)

② 엉뚱한 사람을 놀림조로 이르는 말. (힌트 60쪽)

③ 신체 부위 일부분이 오래 눌려 피가 잘 통하지 못해 아픈 상태. (힌트 63쪽)

④ 적당히 짐작으로 헤아려 보는 것. (힌트 71쪽)

그 외에 내가 찾은 낱말:

동화로 키우는 문해력 어휘력 발달 프로젝트

오늘의 이야기

무협 가족

#용기 #모험

　내 이름은 영우다. 우리 가족은 엄마, 아빠, 형, 누나, 나, 이렇게 다섯이다. 우리는 모두 무술을 연마하는 무협 가족이다.

　우리 아빠는 지리산에서 19년 동안 무공을 수련한 태극권의 고수다. 그리고 늘 밥 먹듯이 이런 말을 한다.

　"부드러움이 강함을 이기는 법이다."

　우리 엄마도 20년 동안 무공을 수련하면서 곤봉 타법을 익혔다고 한다.

　이런 얘기를 하면 누군가 꼭 이렇게 묻는다.

　"엄마랑 아빠랑 싸우면 누가 이겨?"

　그럼 난 이렇게 대답한다.

　"엄마랑 아빠랑 싸우면 진짜 큰일 나."

　내가 무술을 처음 배우기 시작한 건 기억이 잘 안 나지만 두 살 때라고 한다. 어릴 때부터 매일 수련했어도 내가 형이랑 누나를 따라가기는 쉽지 않다. 나이 차이도 있지만, 아무래도 타고난 재능이 다른 탓이다.

　형은 열 살 때 이미 주먹이 강철처럼 단단해지는 방법을 익혔고, 누나는 아홉 살 때 고양이처럼 소리 없이 뛰어다니는 법을 익혔다.

　나는 열한 살이 되도록 제대로 하는 게 별로 없다.

동화 『어쨌든 이게 바로 전설의 권법』 | 글 이승민 그림 이경석

 읽기 쏙쏙　'오늘의 이야기'를 읽고 문어가 든 메달 안에 ○ 하세요.

눈으로 읽기　　　따라 읽기　　　혼자 읽기

읽은 내용을 떠올리며 문제를 해결해 봅시다.

1 영우네 가족은 모두 몇 명인가요? ( )

① 세 명   ② 네 명
③ 다섯 명   ④ 여섯 명

'고수'는 어떤 분야에서 실력이 매우 뛰어난 사람을 의미해요!

2 지리산에서 19년 동안 무공을 익힌 아빠는 어떤 무술의 고수인가요? ( )

① 태극권   ② 봉술
③ 강철 권법   ④ 고양이 보법

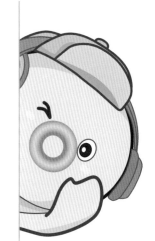

3 형과 누나가 익힌 무술과 시기를 선으로 알맞게 연결해 보세요.

누나   **형**

고양이처럼 소리 없이   주먹이 강철처럼
뛰어 다니는 방법   단단해지는 방법

●   ●

●   ●   ●   ●
두 살   아홉 살   열 살   열한 살

낱말을 따라 쓰고 또박또박 읽어 봅시다.

고	수
고	수

재	능
재	능

무엇을 다른 사람보다 솜씨 있게 해내는 능력을 '재능'이라고 해요!

뜻을 생각하며 '재능'을 넣어 짧은 문장을 지어 봅시다.

우리 형은 축구에 재능이 있다.

나와 내 가족이 어떤 분야의 고수가 되고 싶은지 생각하여
빈칸에 알맞게 써 봅시다.

내가 되고 싶은 고수는?

내가 되고 싶은 고수	내가 알고 있는 해당 분야의 고수	내가 끈기 있게 노력할 일
축구 고수	손흥민	-드리블이나 패스 연습을 한다. -프리킥 연습을 한다. -축구 경기를 자주 본다.

가족이 되고 싶은 고수는?

가족 이름	가족이 되고 싶어 하는 고수	가족이 알고 있는 해당 분야의 고수	가족이 끈기 있게 노력할 일

음원 재생
찰칵!

오늘의 이야기

책 사용법을 찾아라!

#도서관 #끈기 #슬기

매리엄은 책 사용법을 찾기 시작했어요. 밥을 먹으면서도 샤워하면서도 생각했죠. 때때로 책꽂이를 노려보기도 했어요. 책을 노려보면 책이 벙긋 입을 열며 말할지도 모른다는 생각을 하면서 말이에요.

"으아~ 또 뭐가 있지? 형! 책 사용법 딱, 하나만 알려 줘."

매리엄이 벌컥 문을 열자 형이 보고 있던 책을 후다닥 덮었어요.

"공부할 때나 쓰는 거지 무슨 다른 사용법이 있다고 그래. 책으로 하는 공부도 조금은 재미있어. 아! 그래 호두 깔 때 쓸 수 있겠네. 음…… 그리고. 어휴, 더는 모르겠다. 나 화장실 갈 거니까 저리 비켜."

형은 고작 방법 하나를 알려 주더니 방을 나가 버렸어요.

"쳇, 모범생 따위 따분해. 책 읽는 게 뭐가 좋다고."

형의 책을 획 펼친 매리엄은 눈이 휘둥그레 커졌어요. 책 귀퉁이에 조 그맣게 그림이 그려져 있는 거예요. 매리엄이 책을 휘리릭 옆으로 넘기자, 매리엄을 닮은 염소가 농구공을 들고 뛰어가다 골대에 공을 넣었어요.

"움직인다, 움직여!"

매리엄은 방으로 돌아온 형에게 엄지를 척 들어 올리고 방을 나왔어요.

동화 『101가지 책 사용법』 | 글 박선화 그림 김주경

읽기 쏙쏙 '오늘의 이야기'를 읽고 문어가 든 메달 안에 ○ 하세요.

눈으로 읽기

따라 읽기

혼자 읽기

읽은 내용을 떠올리며 문제를 해결해 봅시다.

1 매리엄이 책 사용법을 생각한 시간이 아닌 때를 고르세요. (   )

① 밥을 먹으면서

② 샤워를 하면서

③ 농구를 하면서

'귀퉁이'는 물건의 모서리를 뜻해요. 그리고 사물이나 마음의 한구석을 뜻하기도 해요!

2 매리엄이 형을 통해 새롭게 발견한 책 사용법은 무엇인가요? (   )

① 책꽂이를 노려보며 책이 말하는 상상하기

② 책 귀퉁이에 그림 그리고 휘리릭 넘겨 보기

③ 문이 닫히지 않도록 문 귀퉁이에 책 쌓아 두기

3 매리엄의 형이 한 행동이 아닌 것은 무엇인가요? (   )

① 매리엄에게 책 사용법 하나 알려 주기

② 매리엄과 대화하며 계속 책 읽기

③ 매리엄과 대화하다 방을 나가기

낱말을 따라 쓰고 또박또박 읽어 봅시다.

고	작
고	작

귀	통	이
귀	통	이

생각보다 작거나 별것 아
닐 때 '고작'이라는 단어를
사용해요!

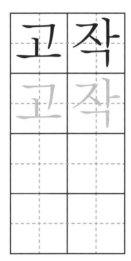

뜻을 생각하며 '고작'을 넣어 짧은 문장을 지어 봅시다.

고작 1점 차이로 떨어지다니!

_____

_____

위치에 따른 손가락의 명칭을 알아보고 왼손의 빈칸에 알맞은
글자를 써 봅시다.

〈손가락 명칭〉

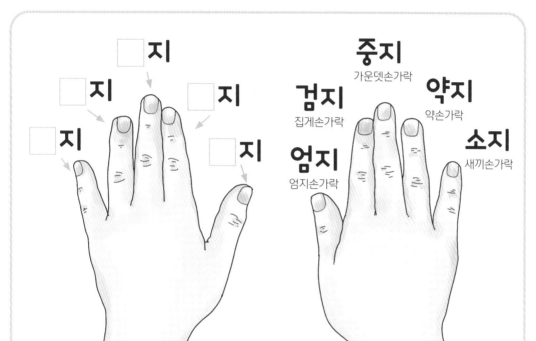

 다음 ☐ 에 들어갈 글자는 무엇일까요?

매리엄은 방으로 돌아온 형에게

☐ 지를 척 들어 올리고 방을 나왔어요.

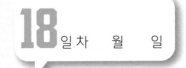

음원 재생 찰칵!

오늘의 이야기

정말 억울해

#인내심 #우정 #관용

"도롱이 네가 세훈이한테 달팽이 먹이를 주지 말라고 했다며?"

나는 어안이 벙벙했다.

"세훈이가 네 말을 듣고 달팽이에게 먹이를 주지 않았을 수도 있어."

"그런 말 한 적 없어."

나는 고개를 세차게 저었다. 너무 억울해서 몸이 폭발하려고 했다.

"다영이와 성은이가 왜 그런 말을 했지?"

수용이는 계속 고개를 갸웃거렸다.

나는 세훈이 달팽이가 튼튼하게 쑥쑥 자라기를 바랐다. 그 달팽이는 세훈이 집에 나타난 달팽이다. 나는 단 한 번도 달팽이가 죽었으면 좋겠다는 생각을 해 본 적이 없었다. 그때였다. 뭔가 뒤통수를 팍 치고 가는 느낌이 들며 한 가지 생각이 떠올랐다.

"아무거나 먹이지 말라는 말은 했어."

나는 아무거나 먹이면 절대 안 된다고 했다. 아무거나 먹였다가 탈이 날 수도 있고 죽을 수도 있어서였다. 우리가 좋아하는 초콜릿도 강아지가 먹으면 큰일 난다는 말을 어디선가 들었다.

동화 『잘 화내는 기술』 | 글 박현숙 그림 노아

읽기 쑥쑥 '오늘의 이야기'를 읽고 문어가 든 메달 안에 ○ 하세요.

눈으로 읽기

따라 읽기

혼자 읽기

내용 쏙쏙 읽은 내용을 떠올리며 문제를 해결해 봅시다.

1 세훈이가 기르던 동물은 무엇인가요? (　　)

① 강아지　　　　② 달팽이　　　　③ 햄스터

'갸웃거리다'는 고개나 몸을 약간씩 기울이는 모양을 뜻해요!

2 도룡이가 세훈이에게 한 말은 무엇인가요? (　　)

① "아무 때나 먹이지 마!"
② "아무것도 먹이지 마!"
③ "아무거나 먹이지 마!"

3 아래 장면에 어울리는 수용이의 표정을 그려 보세요.

다영이와 성은이가 왜 그런 말을 했지?

수용이는 계속 고개를 갸웃거렸어요.

동화로 키우는 문해력 어휘력 퍼즐 프로젝트

낱말을 따라 쓰고 또박또박 읽어 봅시다.

세	차	다
세	차	다

갸	웃	거	리	다
갸	웃	거	리	다

몹시 힘이 있거나 사나운 모양을 '세차다'라고 표현해요!

뜻을 생각하며 '세차다'를 넣어 짧은 문장을 지어 봅시다.

도둑이 경찰의 손을 세차게 뿌리쳤어요.

생활 쏙쏙 우리말은 때때로 같은 문장도 다양하게 해석될 수 있어요.
다음 상황을 살펴보며 여러 의미를 생각해 봅시다.

상황 1: 엄마 그림

상황 2: 학원을 끊다

상황 3: 배와 사과 2개

동화로 키우는 문해력 어휘력 발달 프로젝트

87

오늘의 이야기

거꾸로 말의 탄생

#경청 #존중 #엄마 사랑

"어머머, 유준아, 왜 그래? 저녁밥을 너무 많이 먹어서 그런 거야?"

"요어있 고오나 로꾸거 이말."

"이! 유! 준! 엄마가 그만하라고 했지?"

친절하게 물을 챙겨 주다가 갑자기 돌변한 엄마 모습에 나는 화들짝 놀랐다. 놀람은 억울함으로 변해서 내 눈물샘을 건드렸다.

"요고다겠죽 해답답 도나. 요고냐하 을말 로꾸거 왜 가내!"

엄마가 주저앉았다. 엄마가 덜덜 떨리는 목소리로 말했다.

"너, 너, 저, 정, 말, 로, 그, 런, 거, 야?"

엄마는 나에게 몇 번이나 말을 시켰다. 그럴 때마다 나는 '거꾸로 말'로 대답했다. 엄마는 내 말을 알아듣지 못해서 수첩에 받아 적었다.

'어? 이것도 나쁘지 않네? 말 많다고 내 말을 제대로 듣지 않던 엄마가 달라진 거야. 그럼 우리 반 아이들과 선생님도 어쩌면?'

웃음이 양쪽 입술에서 달랑거렸다. 그런 나를 엄마가 안고 울었다. 엄마가 우니까 나도 슬퍼졌다. 하지만 마음속에서는 '거꾸로 말'에 대한 기대감이 아주 살짝 움트고 있었다.

동화 『거꾸로 말대꾸』│ 글 류미정 그림 신민재

읽기 쏙쏙   '오늘의 이야기'를 읽고 문어가 든 메달 안에 ○ 하세요.

눈으로 읽기

따라 읽기

혼자 읽기

읽은 내용을 떠올리며 문제를 해결해 봅시다.

1 엄마가 유준이의 말을 수첩에 받아 적은 까닭은 무엇인가요? (　　)

① 유준이가 말을 예쁘게 했기 때문에

② 유준이 말을 알아듣지 못했기 때문에

③ 유준이 말을 오래 기억하고 싶었기 때문에

'돌변하다'는 갑자기 달라지거나 변하는 것을 의미해요!

2 갑자기 돌변한 엄마의 표정과 이로 인한 유준이의 표정을 상상하며 그려 보세요. 그리고 말풍선에 적힌 유준이의 대사를 거꾸로 옮겨 써 올바르게 고쳐 보세요.

이! 유! 준! 엄마가 그만하라고 했지?

요어있 고오나 로꾸거 이말.

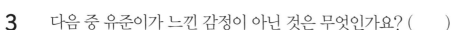

3 다음 중 유준이가 느낀 감정이 아닌 것은 무엇인가요? (　　)

① 억울한 마음 　② 기대되는 마음 　③ 부끄러운 마음

낱말을 따라 쓰고 또박또박 읽어 봅시다.

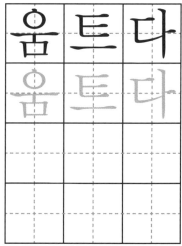

'움트다'는 새싹이 돋기 시작
하는 것을 의미해요. 앞의 글
에서는 마음이나 생각, 기운이
새로 생기는 것을 뜻해요!

뜻을 생각하며 '움트다'를 넣어 짧은 문장을 지어 봅시다.

방학을 한 지 일주일이 지나자 학교에
가고 싶다는 생각이 움트고 있었다.

생활 쏙쏙 생각이나 감정이 새롭게 일어나는 것과 관련된 단어를 알아봅시다.

보기의 글자를 한 번씩만 사용하여 빈칸을 알맞게 채워 봅시다.

보기

| 움 | 피 | 숫 | 떠 | 꿈 |

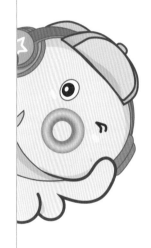

단어	예시 문장
☐ 틀대다	마녀는 그동안 참아 왔던 욕망이 **?** 틀대는 것을 느꼈어요.
☐ 트다	엄마의 마음 한구석에서 희망이 **?** 트고 있었어요.
☐ 오르다	우와! 좋은 생각이 **?** 올랐어요!
☐ 아나다	동생 용돈을 쓰고 싶다는 생각이 몽글몽글 **?** 아났어요.
☐ 어나다	잊고 있던 추억이 마음속에서 **?** 어나고 있었어요.

오늘의 이야기

'일' 해 본 경험 있나요?

#말 #진심 #가족

'제가 먼저 왔는데 왜 나중에 줘요? 왜 저한테는 불친절하게 대해요? 지금 아이라고 무시하는 거예요?'

의자를 박차고 일어나며 이렇게 고래고래 소리 지르는 나를 상상했다. 하지만 현실의 나는 그저 앞에 놓인 떡볶이를 우적우적 씹을 뿐이었다. 문을 나설 때, 유리문에 붙은 종이가 눈에 띄었다.

[주방 아줌마 구함]

물론 장난을 하려는 건 아니다. 억울하니까 복수 하는 거다. 엄마 목소리로 변하는 액을 뿌린 다음 전화를 걸었다.

"저 혹시 주방 아줌마 구하시나요?"

"아, 예. 맞아요! 일해 보신 경험은 있는 거죠?"

"물론이죠. 일! 지금도 '일' 했네요."

"당신 누구야? 지금 뭐 하는 거야?"

아줌마 얼굴은 떡볶이만큼이나 빨갛게 달아올랐다. 완전 사이다였다.

동화『목소리 교환소』| 글 김경미 그림 김미연

읽기 쏙쏙 '오늘의 이야기'를 읽고 문어가 든 메달 안에 ○ 하세요.

눈으로 읽기

따라 읽기

혼자 읽기

읽은 내용을 떠올리며 문제를 해결해 봅시다.

1 주인공이 엄마 목소리로 변하는 액을 뿌린 까닭으로 알맞지
않은 것을 고르세요. (   )

    ① 아줌마가 불친절해서
    ② 아줌마가 자신을 무시해서
    ③ 장난을 하려고
    ④ 억울해서 복수하려고

'억울하다'는 누군가 처한 상황이나 일 따위가 명확하지 못하거나 공정하지 않아 마음이 답답한 경우를 나타내는 표현이에요!

2 "일해 보신 경험은 있는 거죠?"라고 묻는 아줌마 말에서 '일'은
무엇을 의미하나요? (   )

    ① 숫자 '1'을 가리키는 말로 '하나'를 의미한다.
    ② 분식집 주방에서 설거지나 요리 등을 하는 것을 의미한다.

3 다음 중 억울한 일을 당한 경우에 해당하면 ○, 아니면 × 하세요.

    ① 인형 뽑기를 했는데 뽑지 못한 경우 (   )
    ② 사탕을 먹으려고 꺼내다가 바닥에 떨어뜨린 경우 (   )
    ③ 책상에 낙서를 하지 않았는데 범인으로 몰린 경우 (   )
    ④ 식당에서 음식을 먼저 주문했는데 나중에 온 사람보다
       음식을 늦게 받은 경우 (   )

낱말을 따라 쓰고 또박또박 읽어 봅시다.

고	래	고	래
고	래	고	래

억	울	하	다
억	울	하	다

화가 나서 큰 목소리로 시끄럽게 외치는 모양을 '고래고래'라고 표현해요!

뜻을 생각하며 '고래고래'를 넣어 짧은 문장을 지어 봅시다.

나는 억울해서 고래고래 소리쳤다.

_____

_____

다음 말과 어울리는 인물을 찾아 선으로 알맞게 연결해 봅시다.

학교 다녀오겠습니다.　●

● 친구

내일 준비물은 색연필과
딱풀입니다.　●

● 나

아범아, 오는 길에
아이스크림 좀 사 오너라.　●

● 아빠

학교 끝나면 아빠한테
전화해.　●

● 할아버지

학원 끝나고 게임할래?　●

● 선생님

네 번째 복습 마당

몸풀기 마당

<보기>와 같이 반복되는 말을 만들어 써 봅시다.

보기 고 래 고 래

송 알 송 알 　 　 　 　 살 랑 살 랑

사 뿐 사 뿐 　 　 　 　 딸 랑 딸 랑

여러분이 직접 만들어 보세요.

오늘의 받아쓰기

들려주는 낱말을 잘 듣고 빈칸에 써 봅시다.

음원 재생 찰칵!

①

②

③

④

⑤

게임을 하며 동전 골프의 '고수'가 되어 봅시다.

<준비물>
–100원짜리 동전

<게임 방법>
–1~4명까지 경기에 참여할 수 있습니다.
–가위바위보를 해서 순서를 정한 후 각자 정해진 번호 위에 동전을 올립니다.
–자신의 순서가 되면 동전을 한 번씩 팅길 수 있습니다.
–자신의 동전을 선이 닿지 않도록 가운데 원 안에 넣으면 '고수' 하나를 획득하게 됩니다. 동전이
  가운데 원 안에 완전히 들어갈 때까지 자신의 순서가 되면 동전을 팅기세요. 고수를 획득한
  참가자는 다시 출발점에서 시작하여 추가로 '고수'에 도전합니다. 경기가 끝났을 때, 가장 많은
  '고수'를 획득한 참가자가 우승하게 됩니다.
–다른 사람의 동전에 닿으면 안 되지만 원에 닿아 있는 동전은 쳐 낼 수 있습니다. (이 경우
  상대방의 동전을 경기장 밖으로 쳐 내면 상대방은 다시 출발점에서 경기를 시작해야 합니다.)
–혼자 게임을 할 경우 5분 안에 몇 번의 '고수'에 오르는지 도전해 보는 것도 재미있습니다.

동화로 키우는
문해력 어휘력 발달 프로젝트

정답

1일 차　　　　　　　　우리 엄마도 그래

내용 쏙쏙	1. ③ 2. 회수 엄마, 병태 엄마, 영우 엄마, 우리 엄마 □　　　○　회수, 병태, 영우, 나	3. (예시)
낱말 쏙쏙	(예시) 나는 연못에서 우연히 희한한 새를 발견했다.	
생활 쏙쏙	생략	

내용 쏙쏙 도움말

1. (6번째 줄) '커지는 병'이 즉각 옮아간 거예요.
   (10~11번째 줄) "우리 엄마도 손바닥이 솥뚜껑만 해지고,
   팔이 문어 다리처럼 길어졌어."

2. (3번째 줄) 사실 희수와 병태, 영우는 나와 유치원 동기예요.

3. (8번째 줄) 희수가 걱정스러운 얼굴로 말했어요.

2일 차　　　　　　　　레오가 만든 상장

내용 쏙쏙	1. ②　2. ②　3. (예시)	
낱말 쏙쏙	(예시) 공포 영화에서 귀신이 나오자 레오의 눈이 휘둥그레졌다.	
생활 쏙쏙	(예시) 제 1 호 **척척박사 상** 2 학년 1 반 이 름 김척척 위 어린이는 평소 책을 많이 읽어 지식이 풍부하고, 친구가 모르는 문제를 잘 알려 주므로 이 상장을 드립니다. ○○○○ 년 ○ 월 ○ 일 문해력 어휘력 박사 문어	

내용 쏙쏙 도움말

1. (1번째 줄) 레오가 만든 상장을 받은 아이들은 눈이 휘둥그레졌다.

2. (5~6번째 줄) '잘 나서는 아이 상'을 받은 도현이가 물었다.

3. (1번째 줄) 레오가 만든 상장을 받은 아이들은 눈이 휘둥그레졌다.
   (5번째 줄) 아이들이 좋아하니 레오도 기분이 좋았다.

3일 차　　　　　　　　기부의 기쁨

내용 쏙쏙	1. ③　2. ② 3. 아이들이 레오의 발표를 듣고 감동해 저마다 안 쓰는 물건을 가져와 사람들과 나누는 상상을 해서	
낱말 쏙쏙	(예시) 친구를 만나니 헤실헤실 웃음이 나왔다.	
생활 쏙쏙	(예시) 기증하고 싶은 재능/물건 : 문제집, 축구공, 연필, 책, 성실, 미소 등 기증받고 싶은 재능/물건 : 배드민턴 채, 스마트폰, 간식, 사랑, 달리기 능력 등	

내용 쏙쏙 도움말

1. (1~2번째 줄) 레오는 지난 학기 문제집은 물론이고 안 쓰는 가방과
   구두, 장화, 모자까지 가져와서 선반 위에 진열해 두었다.

2. (8번째 줄) 레오는 하늘을 나는 것 같은 기분이었다.

3. (12~15번째 줄) 아이들은 발표를 듣고 감동해서 저마다 안 쓰는
   물건을 가져와 사람들과 나누려 할 것이다. 그런 생각을 하니 자꾸만
   헤실헤실 웃음이 나왔다.

4일 차　　　　　　　　　　　헛소문이 퍼지다

내용 쏙쏙	1. ①　　2. ② 3. (예시) – 서우가 친구 다리를 걸어 넘어뜨렸다. – 서우에게 남자 친구가 생겼다. – 서우가 방귀를 소리 내어 뀌었다.
낱말 쏙쏙	(예시) 나는 헛소문을 내는 사람이 싫다.
생활 쏙쏙	친구를 도와요 ○, 발표를 잘해요 ○, 운동을 좋아해요 ○

내용 쏙쏙 도움말

1. (8~9번째 줄) "너는 내 잇새에 낀 고춧가루 보고 배를 잡고
웃었잖아? 아이들한테 소문도 다 냈잖아?"

2. 서우는 주인공 잇새에 낀 고춧가루를 보고 사실대로 친구들에게
말했지만, 주인공은 자존심이 많이 상했다. 그러므로 친구가
곤란해할 것은 사실이라도 말하면 안 된다. 또한 화가 나고 속상하다고
해서 다른 사람에게 소리를 지르는 것은 잘못된 행동이다.

5일 차　　　　　　　　　　　대망의 오디션

내용 쏙쏙	1. ①　　2. ③ 3. (예시) 오디션을 보기 전　　오디션을 본 후
낱말 쏙쏙	(예시) 바둑 두는 실력은 내가 너보다 한 수 위야!
생활 쏙쏙	생략

내용 쏙쏙 도움말

1. (3번째 줄) 하랑이가 동글동글한 지구 모양 초콜릿을 건넸어요.

2. (15번째 줄) "너는 완전 무대 체질인가 봐. 떨지도 않고."

첫 번째 복습 마당

① 까마귀, 참새, 독수리, 갈매기
② 무궁화, 장미, 개나리, 민들레

① 희한하다
② 휘둥그레
③ 헤실헤실
④ 헛소문
⑤ 체질

① 가방　② 기증　③ 행복
(문장 예시) 가방을 기증하니 마음이 행복하다.

6일 차　　　　　　　　　　　이다음에 커서

내용 쏙쏙	1. ①　　2. ③　　3. ②
낱말 쏙쏙	(예시) 나는 매일 책을 30분씩 읽기로 마음먹었다.
생활 쏙쏙	(예시) 1) 세상의 편견을 바꾸는 어른, 길거리를 깨끗하게 만드는 환경미화원 등 2) 친구의 좋은 점을 칭찬하기, 부모님께 고마운 마음을 담은 손 편지 전하기 등 3) 분리수거 잘하기, 물건을 많이 살 땐 장바구니를 챙겨 다니기 등

내용 쏙쏙 도움말

1. 1. (3~4번째 줄) "숙제 끝냈어?" 약점이 잡힌 충재는 고개를 푹
숙인 채 우물쭈물했다.

2. (6~7번째 줄) 충재는 책상 앞에 앉아서 숙제를 시작했다.
"진로 조사서, 장래 희망을 적으시오……."

3. (10~11번째 줄) 학교에 들어가기 전까지만 하더라도 공룡이 되어
이 세상의 악당들을 몽땅 혼내 주고 싶었다.

7일 차　　　　　　　　　　　쥐가 나타났다!

내용 쏙쏙	1. ②　　2. ② 3. (예시) 귀신, 시험 문제, 잔소리, 욕, 폭력 등
낱말 쏙쏙	(예시) 길 잃은 강아지가 골목을 헤매고 다닌다.
생활 쏙쏙	(예시) 생략

내용 쏙쏙 도움말

1. (3번째 줄) 난데없이 쥐 한 마리가 교실 안으로 들어온 것이다.
(5번째 줄) 새끼 쥐 한 마리가 교실 곳곳을 헤매고 다녔다.

2. (13~15번째 줄) '4학년 7반에 들어온, 회색 쥐 한 마리.' 쏙쏙 글씨를
지웠다. 그러자 찍찍, 찌…… 이내 소리가 잦아들더니 쥐의 존재는
흔적도 없이 사라져 버렸다.

8일 차　　　　　　　　　　　호동이의 꿈

내용 쏙쏙	1. ③ 2. ① 3. 비웃는 친구들　　흐뭇하게 웃는 선생님
낱말 쏙쏙	(예시) 축구공을 차려는데 어이없게도 신발이 골대로 들어가 버렸다.
생활 쏙쏙	생략

동화로 키우는 문해력 어휘력 발달 프로젝트

내용 쏙쏙 도움말

1. (4번째 줄) "저는 빨리 어른이 되는 게 꿈입니다."

2. (12~13번째 줄) "신호동, 너 정말 어른이 되는 게
장래 희망이야?" 엄마가 어이없다는 듯 호동이를 쏘아보며 물었어요.

3. (7~8번째 줄) 호동이가 발표를 마쳤을 때, 비웃는 친구들과 달리
선생님은 분명히 흐뭇하게 웃고 있었어요.

9일 차   돌아오는 문제집

내용 쏙쏙	1. ② 2. ③ 3. (예시) 다른 친구에게 문제집을 줄 것 같다.
낱말 쏙쏙	(예시) 어려운 숙제를 끝내니 마음이 홀가분하다.
생활 쏙쏙	〈제목 : 가족들과 소풍〉 오늘은 동물원에 가기로 한 날이다. 그런데 가족들 모두 늦 잠을 자 버려서 동물원에는 가지 못했다. 대신 날씨가 좋아 가족들과 근처 공원으로 놀러 갔다. 엄마가 싸 주신 맛있는 김밥도 먹었다. 다 먹고 음료수 캔을 쓰레기통에 버리려 던졌는데, 하마터면 옆에 있는 꼬마가 맞을 뻔했다. 엄청난 식은 땀이 흘렀다. 다음부터는 절대로 물건을 던지지 말아야겠다.

내용 쏙쏙 도움말

1. (2~3번째 줄) 학교 가는 길에 있는 공원 쓰레기통에 문제집을
버렸다.

2. (7~8번째 줄) 등줄기에 식은땀이 쫙 흘렀다. 버린 문제집이
내 책상 위에 떡하니 놓여 있지 않은가.

생활 쏙쏙 도움말

'늦잠', '김밥', '식은땀'은 복합어입니다.

10일 차   내 몸 내놔!

내용 쏙쏙	1. ③ 2. ① 3. ③
낱말 쏙쏙	(예시) 탐정이 사건의 진실을 밝히고 범인을 잡아냈다.
생활 쏙쏙	생략

내용 쏙쏙 도움말

1. (4~5번째 줄) 나는 내 몸을 잃어버릴까 봐 어서 들어가야 한다고
생각하고는 부리나케 뛰어갔어.

2. (11~12번째 줄) 내가 오아름이 되고, 오아름이 내가 된 거야!

3. (10번째 줄) 우리는 당황해서 소리쳤어.
(15번째 줄) 우리는 서로의 팔을 잡고 흔들었어.

두 번째 복습 마당

(예시)
① 대한민국
② 두루뭉술
③ 어린이날
④ 뭉게구름

① 우물쭈물
② 아수라장
③ 소박하다
④ 식은땀
⑤ 밝히다

어이없다
헤매다
부리나케

무엇이 보이나요? 개구리

11일 차   동생 꼬시기

내용 쏙쏙	1. ② 2. ③ 3. ②
낱말 쏙쏙	(예시) 냉장고에 오래 넣어 두었던 사과가 썩었다.
생활 쏙쏙	① 깎다 ② 꺾다 ③ 썩다 ④ 섞다

내용 쏙쏙 도움말

1. (2~3번째 줄) "수민아, 우민이 잘 보고 있어. 엄마, 동네 카페로
모임 갔다 올 거야."

2. (5~6번째 줄) 우민이 용돈이라도 쓰고 싶은 마음이 몽글몽글
솟아났어요.

3. (14~15번째 줄) "이번에 우민이가 사면 다음에는 누나가
두 배, 세 배로 사 줄게."

12일 차 　　　　　　　　　　최고의 숙제 선생님

내용 쏙쏙	1. ③ 2. ② 3. 생략
낱말 쏙쏙	(예시) 강아지가 내 선생님이라는 뚱딴지같은 　　　　소리를 들었다.
생활 쏙쏙	생략

내용 쏙쏙 도움말

1. (1번째 줄) "지완아! 이제 엄마 없는 동안 '숙제 선생님'이
　　네 숙제를 봐줄 거야."

2. (9~10번째 줄) 아는 사람만 아는 최고의 숙제 선생님,
　　숙제 잘하는 특급 비법 전수!
　　(14~15번째 줄) "전화해 보니 선생님 말투도 꼬장꼬장……
　　아, 아니 고상하고 강직한 게 꽤 믿음직스럽더라."

13일 차 　　　　　　　　　　　　나와라, 똥!

내용 쏙쏙	1. ②　　　　　3. (예시) 2. ③
낱말 쏙쏙	(예시) 클레이를 통에서 꺼내 밖에 두었더니 　　　　딱딱하게 굳었다.
생활 쏙쏙	생략

내용 쏙쏙 도움말

1. (1~2번째 줄) 얼굴이 새빨개지다 못해 콧등에 땀이 송골송골 났다.
　　(4번째 줄) 엄마가 문밖에서 물었지만, 다리가 저려서 대답할 힘도
　　없었다.

2. (11~12번째 줄) 레오는 미역국에서 쇠고기만 골라 먹고
　　샐러드에서는 메추리알만 골라 먹었다.

14일 차 　　　　　　　롱브릿지 숲에서 명심할 것

내용 쏙쏙	1. ③　　2. ③ 3. (예시) 1) 숲의 기억을 책으로 쓰고 있는 게 맞는지 묻는다. 2) 숲에 대한 내 기억을 슬쩍 흘린다.
낱말 쏙쏙	(예시) 오늘 하루 할 일을 다 하니 기분 좋다.
생활 쏙쏙	(문어 예시 참고)

내용 쏙쏙 도움말

1. (13~14번째 줄) 셋째, 절대 '기분 좋다'라는 표현을 하면 안 돼.
　　그 말을 하게 되면 롱브릿지 숲 검은 유령들이 너의 기분을 망치려
　　들 테니까.

2. (9~10번째 줄) 그 다리, 롱브릿지를 건널 때는 반드시 왼발 먼저
　　디뎌야 해.

3. (1~4번째 줄) 내가 롱브릿지 숲으로 가는 이유는 할머니 사서를
　　만나기 위해서야. 사람들 말처럼 숲의 기억을 책으로 쓰고 있나요?
　　물어볼 거야. 그러고는 숲에 대한 내 기억을 슬쩍 흘리는 거지. 그러면
　　할머니 사서가 내 기억을 책으로 쓰겠지?

15일 차 　　　　　　　엄마 목소리를 담은 액

내용 쏙쏙	1. ②　　2. ③　　3. 생략
낱말 쏙쏙	(예시) 갑자기 커다란 개가 나타나 내 몸이 　　　　움츠러들었다.
생활 쏙쏙	생략

내용 쏙쏙 도움말

1. (5번째 줄) "딱 열 번 사용할 수 있을 거다."

2. (7~8번째 줄) 시후가 우리 엄마 목소리를 아니까 확인해 보기에
　　적당할 것 같았다.

동화로 키우는 문해력 어휘력 받아쓰기 프로젝트

101

세 번째 **복습 마당**

(예시)
① 소리 상자   ② 서양 빈대떡
③ 긴 수레   ④ 축하용 빵

① 썩다   ② 전수   ③ 굳다   ④ 명심
⑤ 움츠러들다

① 썩다   ② 뚱딴지   ③ 저리다   ④ 대략
(예시)
–그 외에 내가 찾은 낱말 :
호박, 수박, 저술, 바다, 거미, 바지 등

16일 차   무협 가족

내용 쏙쏙	1. ③ 2. ① 3. 누나 형 고양이처럼 소리 없이 주먹이 강철처럼 뛰어 다니는 방법 단단해지는 방법 두 살 아홉 살 열 살 열한 살
낱말 쏙쏙	(예시) 나는 악기에 재능이 있다는 말을 종종 듣는다.
생활 쏙쏙	생략

내용 쏙쏙 도움말

1. (1~2번째 줄) 우리 가족은 엄마, 아빠, 형, 누나, 나, 이렇게 다섯이다.

2. (3번째 줄) 우리 아빠는 지리산에서 19년 동안 무공을 수련한 태극권의 고수다.

3. (14~15번째 줄) 형은 열 살 때 이미 주먹이 강철처럼 단단해지는 방법을 익혔고, 누나는 아홉 살 때 고양이처럼 소리 없이 뛰어다니는 법을 익혔다.

17일 차   책 사용법을 찾아라!

내용 쏙쏙	1. ③ 2. ② 3. ②
낱말 쏙쏙	(예시) 빈 병을 열심히 모아 팔았지만 고작 천 원밖에 못 벌었다.
생활 쏙쏙	중지 주지 약지 검지 검지 가운뎃손가락 약지 소지 엄지 엄지 집게손가락 약손가락 소지 엄지손가락 새끼손가락 **엄**지

내용 쏙쏙 도움말

1. (1~2번째 줄) 밥을 먹으면서도 샤워하면서도 생각했죠.

2. (11~13번째 줄) 형의 책을 휙 펼친 매리엄은 눈이 휘둥그레 커졌어요. 책 귀퉁이에 조그맣게 그림이 그려져 있는 거예요. 매리엄이 책을 휘리릭 옆으로 넘기자, 매리엄을 닮은 염소가 농구공을 들고 뛰어가다 골대에 공을 넣었어요.

3. (5번째 줄) 형이 보고 있던 책을 후다닥 덮었어요. (9번째 줄) 형은 고작 방법 하나를 알려 주더니 방을 나가 버렸어요.

18일 차   정말 억울해

내용 쏙쏙	1. ② 2. ③ 3. (예시)
낱말 쏙쏙	(예시) 그날 밤에 비바람이 세차게 불었다.
생활 쏙쏙	의미가 헷갈리는 말을 들었을 때는 반드시 확인하는 습관을 길러 보세요.

내용 쏙쏙 도움말

1. (8번째 줄) 나는 세훈이 달팽이가 튼튼하게 쑥쑥 자라기를 바랐다.

2. (12~13번째 줄) "아무거나 먹이지 말라는 말은 했어." 나는 아무거나 먹이면 절대 안 된다고 했다.

3. (6~7번째 줄) "다영이와 성은이가 왜 그런 말을 했지?" 수용이는 계속 고개를 갸웃거렸다.

19일 차　　　　　거꾸로 말의 탄생

내용 쏙쏙	1. ②　2. 3. ③ 말이 거꾸로 나오고 있어요.
낱말 쏙쏙	(예시) 빨리 집에 가고 싶다는 생각이 움트고 있었다.
생활 쏙쏙	꿈, 움, 떠, 솟, 피

내용 쏙쏙 도움말

1. (9~10번째 줄) 엄마는 나에게 몇 번이나 말을 시켰다. 그럴 때마다 나는 '거꾸로 말'로 대답했다. 엄마는 내 말을 알아듣지 못해서 수첩에 받아 적었다.

2. (4~5번째 줄) 친절하게 물을 챙겨 주다가 갑자기 돌변한 엄마 모습에 나는 화들짝 놀랐다.

3. (5번째 줄) 놀람은 억울함으로 변해서 내 눈물샘을 건드렸다.
(15번째 줄) 기대감이 아주 살짝 움트고 있었다.

20일 차　　　　　'일' 해 본 경험 있나요?

내용 쏙쏙	1. ③　2. ② 3. ① ×　② ×　③ ○　④ ○
낱말 쏙쏙	(예시) 영수는 잘못한 게 없다며 고래고래 소리쳤다.
생활 쏙쏙	

내용 쏙쏙 도움말

1. (7번째 줄) 물론 장난을 하려는 건 아니다.

네 번째 **복습 마당**

(예시)
① 살금살금
② 훌쩍훌쩍

① 고수　② 귀퉁이　③ 갸웃거리다
④ 돌변하다　⑤ 억울하다

생략

103

〈오늘의 이야기〉 수록 도서

일차	오늘의 이야기	수록 도서명	지은이
1	우리 엄마도 그래	커지는 병	글_원유순 그림_유수정
2	레오가 만든 상장	레오의 폼 나는 초등 생활	글_이수용 그림_정경아
3	기부의 기쁨	레오의 폼 나는 초등 생활	글_이수용 그림_정경아
4	헛소문이 퍼지다	잘 따돌리는 기술	글_박현숙 그림_조히
5	대망의 오디션	아이돌 스타	글_류미정 그림_조현숙
6	이다음에 커서	우리 엄마는 모른다	글_서지원 그림_정경아
7	쥐가 나타났다!	레벨 업 브라더	글_엄상미 그림_국민지
8	호동이의 꿈	힘내라! 공팔일상!	글_신채연 그림_권송이
9	돌아오는 문제집	무서운 문제집	글_선시야 그림_김수영
10	내 몸 내놔!	어느 날 갑자기 2	글_서지원 그림_심윤정
11	동생 꼬시기	동생 용돈 뺏기 작전	글_장혜영 그림_박영
12	최고의 숙제 선생님	아는 사람만 아는 서당개 선생님	글_소하연 그림_박현주
13	나와라, 똥!	레오의 기절초풍 초등 생활	글_이수용 그림_정경아
14	롱브릿지 숲에서 명심할 것	롱브릿지 숲의 비밀	글_문신 그림_김준영
15	엄마 목소리를 담은 액	목소리 교환소	글_김경미 그림_김미연
16	무협 가족	어쨌든 이게 바로 전설의 권법	글_이승민 그림_이경석
17	책 사용법을 찾아라!	101가지 책 사용법	글_박선화 그림_김주경
18	정말 억울해	잘 화내는 기술	글_박현숙 그림_노아
19	거꾸로 말의 탄생	거꾸로 말대꾸	글_류미정 그림_신민재
20	'일' 해 본 경험 있나요?	목소리 교환소	글_김경미 그림_김미연

초등문해력교사연구회 집필진

이인희 | 아이들이 행복한 교육을 꿈꾸는 초등학교 수석 교사이면서 대구교육대학교 대학원 겸임 교수입니다. 놀이, 독서, 리더십 교육을 통해 아이들이 행복한 리더 되는 비전을 갖고 있습니다. 2019년 대한민국 스승상을 수상하였고, KBS 다큐 세상, 대구 아침마당에 출연하였습니다. 대구독서인문지원단 초등 대표, 초등문해력교사연구회에서 활동하고 있습니다. 아이스크림원격연수 개설, 두산그룹, 몽골 울란바타르 대학, 전국 교육연수원 및 교육청 등에서 연수하였습니다. 지은 책으로는 『그림책 놀이수업의 기적』, 『교실놀이, 수업에 행복을 더하다』 등이 있습니다.

김용세 | 초등학교에서 아이들과 다양한 프로젝트 학습을 하며 행복한 교실을 만들어 가고 있습니다. 한국교원대학교 초등국어교육 대학원을 수료하였고, 초등문해력교사연구회 및 교사동화창작회를 운영하고 있습니다. 『괜찮은 학교 사용 설명서』로 제25회 MBC 창작동화 대상 웹 동화 부문에 당선되었습니다. 지은 책으로는 『카이로스의 시간 상점』 시리즈, 『신기한 맛 도깨비 식당』 시리즈, 『어린이 수사대 넘버스』 시리즈, 『경태의 병아리』, 『12개의 황금열쇠』, 『수학빵』 등이 있습니다.

정혜인 | 초등학교에서 다년간 저학년 담임을 맡아 아이들과 생활하며 문해력과 어휘력이 모든 학습의 기초가 됨을 깨닫고 '독서 교육'과 소리 내어 글 읽기를 꾸준히 지도하는 중입니다. 초등문해력교사연구회, 세종동화창작교육연구회, 세계시민 시도 및 중앙 선도 교사, 영재원 지도 강사, 세종시 교육청 교실 수업 자료집 편찬 위원으로 활동하였습니다.
지금은 어린이를 위한 책을 직접 쓰고 있으며, 지은 책으로는 『춘기닷컴』이 있습니다.

구이지 | 초등학교에서 어린이들과 생활하며 문해력과 어휘력이 모든 학습의 기초가 됨을 깨달아 재미있는 말놀이에 대해 연구하고 온책읽기 자료를 지속적으로 개발하였습니다. 초등문해력교사연구회, 세종동화창작교육연구회, 세종초등AI연구회에 참여 중이며 세계시민 시도 및 중앙 선도 교사, 세종시 영재원 지도 강사, 세종시 교육청 교실 수업 자료집 편찬 위원으로 활동하였습니다.